MARTHE ROBIN
...UNE OU DEUX CHOSES QUE JE SAIS D'ELLE...

OUVRAGES DU MÊME AUTEUR

Des Mystères pour guérir, Béatitudes, 1999.

La Lumière s'est faite chair, Béatitudes, 1998.

Les mystères du Rosaire (réédition), Béatitudes, 1998.

Sept paroles pour un bonheur, Béatitudes, 1997.

Joseph, un père pour le nouveau millénaire, Béatitudes, 1996.

Un feu aux prises avec la nuit, Béatitudes, 1993.

Marie intime, Béatitudes, 1991.

Jésus Juif pratiquant, Fayard, 1987.

Déjà les blés sont blancs, Fayard, 1987.

Les pluies de l'arrière-saison, Fayard, 1987.

Le chemin de la Croix, Béatitudes, 1984.

Frère Ephraïm

MARTHE ROBIN
...une ou deux choses que je sais d'elle...

8ème édition
(25e mille)

EDITIONS DES BEATITUDES

ISBN 2-905480-55-6

Photo de couverture :
Marthe Robin - © Foyers de Charité

A Marthe Robin
pour le neuvième anniversaire de sa naissance au ciel

AVERTISSEMENT

Je n'entends pas engager qui que soit des Foyers de Charité ou des membres de la hiérarchie dans ces pages que je publie sous ma seule responsabilité.

Je déclare me soumettre à l'avance au jugement de l'Eglise sur la vie, les écrits, l'oeuvre de Marthe Robin. Conformément aux règles édictées par le Pape Urbain VIII, nous déclarons que si nous avons employé quelquefois les mots saint et sainte nous ne prétendons en rien devancer le jugement du Siège Apostolique et de l'Eglise.

Nous demandons également au lecteur de faire la part entre des faits historiquement avérés et d'autres qui ne pourront jamais être vérifiés, entre ce que nous rapportons de la vision de Marthe et ce qui peut être le fruit d'une interprétation trop personnelle ou partiale. Nous n'avons pas écrit sans avoir prié pendant des mois et consulté des théologiens de renom et nous être assuré que des membres de la hiérarchie et des responsables de Foyers considéraient avec bienveillance notre pauvre témoignage. Comment décrire simplement celle qui n'a pas pris un chemin de grandeur ni de prodiges qui la dépasse mais qui est probablement un des êtres les plus extraordinaires de l'histoire chrétienne ? Je me réfugierai souvent dans un style lyrique non pour fuir mes responsabilités mais pour éviter des précisions que le respect, la pudeur spirituelle commandent de garder cachées.

C'est volontairement que je ne me suis pas servi des textes dictés par Marthe pour appuyer mon propos à l'exception d'un seul très connu et largement cité par d'autres publications ainsi que quelques prières parues dans l'*Alouette*. J'ai tenu à privilégier les témoignages directs, les confidences publiées avec la permission de leurs auteurs qui m'ont souvent demandé l'anonymat.

Marthe ...une ou deux choses que je sais d'elle.... C'est à dessein que je choisis un titre léger, pétillant comme une coupe de champagne, un titre qui, je le sais, aurait déclenché un petit rire clair en cascades, puis un aimable reproche qui m'aurait laissé libre, presque complice de cette légèreté car comme tu le disais : "ce qui est léger, ça monte." Bien sûr on attendrait autre chose pour annoncer une biographie mais je suis certain qu'un ton hagiographique t'aurait déplu. Tu as voulu rester cachée, secrète dans ta vie, dans ta mort et jusqu'après ta mort dans ta profonde présence auprès de tes amis.

Je sais que je pourrais parler de toi pendant des heures, dévoiler des faits extraordinaires mais finalement communs, connus, peut-être trop bien répertoriés dans l'histoire de la mystique, mais je ne percerais rien de ton mystère. Il est celui de la Vierge, de la femme rédemptrice parce qu'unie totalement au mystère rédempteur. La mariologie pourrait développer ces thèmes, elle ne nous introduira pas pour autant dans ce grand mystère de la femme qui est au coeur de la création et de son créateur. On est intime avec Marie ou on ne l'est pas. L'intelligence ne la saisit que cachée en elle. On ne sait bien d'Elle qu'une ou deux choses, le reste est de l'ordre d'une indicible communion, d'une conversation au-delà du langage comme nous en eûmes. On n'en peut rien rapporter.

Une ou deux choses que je sais de toi, Marthe. Finalement ce titre tu l'aurais sans doute aimé, il t'aurait fait sourire ou même rire, tu aurais pris la chose avec ton humour habituel, renchérissant d'une de tes promptes répliques acérées comme une flèche mais qui, bien que pénétrantes, jamais ne blessaient. Certains ont écrit sur toi sans jamais t'avoir rencontrée et pourtant il est manifeste qu'ils te connaissent, ou plutôt que mystérieusement tu t'es fait connaître par eux.

Je n'ai pas passé avec toi des centaines d'heures et il me semble que je ne sais qu'une chose ou deux de toi ; il en est ainsi dans le monde, de ces femmes mystérieuses dont le charme est décuplé par leur savoir demeurer secret. Ce savoir qui est le contraire de la vulgarité. Toi, c'est Dieu qui t'a cachée et qui en même temps t'a livrée à nous, quand les temps fixés par Lui furent accomplis. N'étais-je pas mystérieusement dans ta chambre et cela pendant des années, n'étais-je pas dans le sang que tu versais, dans tes plaies, et dans la joie jubilante de ton union sponsale au Christ ressuscité ? Tu me l'avais promis en m'annonçant le combat sans merci que le démon me livrerait jusqu'à ma mort, tu me l'as promis en répétant que tu me prenais avec toi, aussi je te connais intimement. Tu me l'a prouvé en me visitant, en me rejoignant dans ces lieux de l'âme qui sont déjà en dehors de l'espace et du temps et que tu habitais. Parfois tu parlais de moi à tes visiteurs. Ce qu'on me rapportait de tes paroles m'étonnait toujours, mais n'étais-tu pas l'être le plus étonnant que Dieu ait inventé dans son amour ?

Celui qui ressortait de ta chambre, le visiteur venu de loin pour épancher une douleur trop grande, le familier venu te poser les questions qui lui brûlaient le coeur, tes intimes, tous étaient dans l'étonnement. Et tes grâces mystiques n'y étaient pour rien. Dans le noir on ne voyait rien de tes stigmates, on ne pouvait soupçonner les visites de la Vierge et du démon là-même où nous étions assis. Nous pourrions ignorer tout de tes combats et de tes victoires, à elles seules les paroles que tu prononçais ou gémissais, confiais paisiblement ou criais dans la pénombre, ces paroles proclament ta sainteté. Ce n'est pas devancer le jugement de l'Eglise que de l'affirmer. Le "procès" ne peut que rejoindre l'évidence qui émanait de ta douce humilité et de ton ardent amour pour Dieu et pour toutes les créatures. La vox populi peut bien s'exprimer, elle le doit, elle va le faire par les témoignages qui vont suivre.

Dans la nuit de ta chambre nous recueillions les fruits savoureux aux multiples vertus curatives que tu portais sur l'arbre secret de ta croix. L'arbre se juge à ses fruits. C'est vrai, mais cet arbre-là, il nous faut bien admettre qu'on ne le juge pas, on l'étreint ou on le rejette. Le psychiatre fera son rapport, l'historien passera au crible de la critique littéraire tes "écrits", comme on l'a fait pour la Bible. Mais qui peut comprendre l'incompréhensible ? Qui est comme Dieu pour pénétrer sa Sagesse folle, aucune science "humaine" ou exacte ne pourra jamais saisir l'insaisissable et terrible amour de Dieu qui sonde la hauteur et la profondeur, les abîmes et la "largeur" des éternités passées et à venir. Après avoir lu les témoignages que nous rapportons, le lecteur comprendra que si un jour on taxe Marthe de folie, qu'on l'affuble d'un quelconque diagnostic la seule chose qu'il lui reste à demander à Dieu c'est qu'il lui fasse la grâce de la même pathologie. Un pape entend parler de toi, il est soupçonneux, on le serait à moins et c'est son devoir, il envoie des théologiens, ils te posent une question piège et telle Jeanne la bonne Lorraine tu répliques : une phrase, une seule, et comme dans l'Evangile ils s'en retournent dans l'étonnement de ce qu'ils ont vu et entendu.

Marthe, un prénom plus qu'un nom, que l'on prononce avec un infini respect. Le nom de famille est omis, car on est de la famille, de celle de Jésus.

La dernière fois que je la vis, sur son lit de mort, je l'embrassai sur le front, où étaient encore fraîches les marques de la couronne royale. Tu reposais d'un repos lumineux, toute blanche dans ta robe de première communiante. A vrai dire, je ne me souviens que d'une hostie, une grande hostie de prêtre exposée aux regards de ceux qui te vénérèrent d'une dernière visite.

En plus intense et plus évidente, la même et forte impression d'être irradié par la chair offerte du Christ qui vous saisissait dans ta chambre de ténèbres, quand les yeux habitués à l'obscurité percevaient ton visage d'enfant, lisse et pâle comme une hostie.

De plusieurs prêtres, je tiens qu'au moment de te communier, le pain des anges quitta leurs mains comme happé par ton corps. Ta faim de Dieu, ta faim immense comme un vertige, me parle de la faim de Dieu.

Depuis notre première entrevue, ma vie jusque-là entre mes mains fut soudain aspirée par Dieu, happée jusqu'au vertige. J'appris peu à peu que mon âme, comme toute âme, est une hostie et que notre prière est avant tout offrande et procession d'offertoire.

La faim de Dieu me happe, à chaque instant, dans le tabernacle d'abord, mais tout autant dans les yeux humides d'enfants noirs, dans leur ventre gonflé, dans la faim physique de pain d'hommes et de femmes, dans leur désir d'être aimés. Je suis happé par les plaies qui s'infectent et la gangrène qui gagne un corps qui n'est pas soigné, et qui blessent aussi le Corps de Dieu.

Je suis happé par le désespoir sans fond du malade d'amour qui a pour nom un diagnostic horrible de psychiatre. Je suis happé jusqu'aux extrémités de la terre. Le désir de fonder de nouvelles communautés n'a pas d'autres raisons que cette faim qui ne sera comblée que dans le Royaume de Dieu, où Il sera notre nourriture.

A cause de toi, Marthe, ma poitrine brûle par moment, et j'ai faim et soif, éprouvant un instant les sentiments qui étaient en Christ sur la Croix. O Marthe, avec la faim de Dieu qui me happe et que tu m'as communiquée, par les paroles les plus simples qui soient, tu m'as donné aussi le moyen d'y répondre : la Communauté. Car, si je suis miette eucharistique, elle est une hostie qui grandit dans le temps et presque aussi vite que ma perception de la faim de Dieu.

J'ai écrit les lignes qui précèdent ou plutôt je les ai dites au magnétophone d'un seul jaillissement à l'intention des premiers frères de la Communauté à fonder en Afrique. J'avais accepté de faire cette fondation au bout d'une piste qui ne mène nulle part sans aucun moyen matériel parce que toute une nuit je sentis la présence de Marthe dans ma chambre. Elle ne cessait de dire avec douceur : mes enfants meurent, qui enverrai-je ? C'était le coeur qui parlait, le coeur d'une mère. Le coeur de Marie, le coeur de Jésus, le coeur de Dieu. Le coeur de Marthe qui avait fini par les contenir tous. La vie de Marthe est une conformation, une formation jusqu'à la perfection, au coeur de la Vierge. Qui peut résister à un Dieu qui s'est fait chair, qui s'est fait coeur. Au matin, médecins et infirmières, frères et soeurs avaient entendu le même chant du coeur : la fondation était née qui allait en quelques années sauver la vie de tant d'enfants et ramener au Christ tant d'hommes et de femmes.

Marthe avait suivi le chemin de toute ascension qui se caractérise par une simplification. La parole que tant reçurent chez elle, plus de cent mille, était simple comme la petite paysanne, dépouillée comme une lame nue, sortie du coeur elle pénétrait le coeur et le travaillait parfois des années, ce qu'elle avait effectué n'apparaissait pas toujours sur le moment.

C'est l'histoire de cette simplification en Dieu jusqu'à la ressemblance divine, jusqu'à l'identification que nous allons esquisser par une courte biographie maintenant connue, mais dont bien des aspects resteront cachés jusqu'à l'heure du dévoilement dernier.

I

Une montée vers cet enfer où est descendu l'Amour

Une enfant amoureuse de la vie et de Dieu

Le 13 mars 1902, la famille Robin accueille la venue au monde de leur petite Marthe ; c'est leur sixième enfant après un garçon et quatre filles, dont l'aînée Célina n'a que treize ans. Joseph et Amélie Robin, les parents, sont de simples agriculteurs de la Drôme. Leur ferme est comme plantée au milieu d'un grand plateau cultivé qui domine la vallée de la Galaure, et que l'on appelle familièrement "la Plaine". Cette petite ferme de dix hectares sera tout l'univers de Marthe, du moins l'essentiel. Le sens de la terre, des saisons, l'amour de la nature, une solide sagesse paysanne, voilà son héritage.

Le 5 avril 1902 la petite Marthe reçoit le baptême dans le tout petit baptistère de l'église paroissiale de Saint Bonnet de Galaure, entourée de son frère Henri, six ans et de sa soeur Alice, huit ans, tout fiers d'être parrain et marraine. La famille est chrétienne, sans plus. Mais il faut se souvenir qu'en 1902, la France vient de connaître la séparation de l'Eglise et de l'Etat ; le laïcisme à outrance est règle de vie, tout spécialement dans la région de la Drôme. Marthe est née dans cette ambiance où il y avait plus de mariages et d'enterrements civils que religieux. Les parents de Marthe allaient à la messe pour les grandes occasions.

Les Robin sont d'humbles paysans et sa vie d'enfant sera très ordinaire et simple. Son père était très affectueux et gai, et de temps en temps elle travaillera avec lui dans les champs. Elle sera élevée dans la droiture. La maman de Marthe avait pris l'habitude de dire aux enfants : chacun votre tour vous vous priverez de vos gâteries du goûter et vous les donnerez à celui qui viendra demander du pain.

En 1903 sa soeur Clémence meurt de la fièvre typhoïde. Marthe l'attrapera aussi, ce qui la laissera de santé fragile. En effet, petite, Marthe a souvent manqué l'école soit parce qu'elle était malade, soit parce qu'elle soignait sa maman malade, de la bile disait-elle, elle restait ainsi auprès d'elle et s'en occupait avec tendresse. (Elle a toujours eu un grand amour des malades et elle disait, "je franchirai les collines pour m'occuper des malades, pour les aimer"). Elle va à l'école communale de Châteauneuf, elle parcourt chaque jour ses deux kilomètres à pied en sabots pour s'y rendre. Au retour elle aime aller chercher son père dans les champs, il la prend sur ses épaules et l'appelle "sa mimi". "Il était mon grand confident" dira-t-elle. A l'école, elle ira jusqu'au certificat d'études qu'elle ne pourra d'ailleurs pas passer car ce jour-là elle est encore malade. Elle a sûrement été une bonne élève et elle obéit à la maison comme en classe. Plus tard elle dira : "toute ma vie j'ai obéi".

Au milieu de cette vie un peu difficile d'enfant malade, constamment empêchée d'aller à l'école, constamment empêchée de faire comme les autres, Marthe est une enfant très gaie, elle saute à la corde, joue à la marelle ; au catéchisme elle bouillonne de questions. Elle était aussi très espiègle et aimait beaucoup faire des farces un peu à tout le monde. On n'a pas beaucoup de souvenirs d'elle dans sa petite enfance. Son premier souvenir important est le mariage de sa soeur Céline en 1908, elle avait six ans. "Mon gros chagrin", écrit-elle, "a été le mariage de ma soeur Céline, mon beau-frère m'avait pris ma soeur". Mais cela ne l'empêchera pas de danser de tout son coeur. Marthe aimait participer aux fêtes quelles qu'elles soient. Un jour de "vogue" (fête au village) elle s'est amusée à pendre une queue de lapin dans le dos d'un monsieur très sérieux ! (Il paraît qu'elle a eu beaucoup de succès).

Marthe reçoit le sacrement de confirmation à neuf ans, le 3 mai 1911. Elle fait sa première communion à l'âge de dix ans, dans la grande lumière du mystère de l'Assomption, le 15 août, parce qu'elle est malade au moment où les autres la font. Le prêtre de la paroisse la prépare avec le fils de l'instituteur qui était lui aussi malade et il leur fait faire une petite retraite pour se préparer. Dans l'intime de son coeur il se passe quelque chose, et Marthe dira : "Je crois que ma communion privée a été une prise de possession de Notre Seigneur, je crois que déjà il s'est emparé de moi à ce moment-là, ma communion privée a été quelque chose de très doux." A douze ans elle fait sa communion solennelle. Dès son plus jeune âge on sent en elle une volonté ferme et un grand désir de prier. Elle écrira : "J'ai toujours énormément aimé le bon Dieu comme petite fille, et j'avais un besoin de toujours lui parler et de le prier et mes soeurs ne voulaient pas que je prie tout le temps mais je priais dans mon lit. Je priais la Sainte Vierge, je lui parlais surtout, je lui disais des prières trouvées dans le gros vespéral de mon grand-père. Quand j'allais au village faire des commissions j'avais toujours mon chapelet dans ma poche et en route je le disais."

A quatorze ans, Marthe quitte l'école et travaille comme toutes les filles de son âge, à la maison, dans les champs, et cela très volontiers. Elle aime les siens, elle aime la vie. Et toute la vie d'enfance de Marthe est une vie cachée, une vie de Nazareth qui la prépare dans le secret à sa mission.

Une longue montée dans la souffrance

En 1916-1917, Marthe va aider une de ses soeurs qui est dans un petit village à côté, Saint-Sorlin. C'est à partir de cette date que Marthe va avoir des problèmes de santé plus graves que dans son enfance, elle souffre de violents maux de tête. En novembre 1918, elle n'a que seize ans lorsqu'une paralysie partielle la saisit, suivie d'une encéphalite léthargique qui durera vingt-sept mois. Elle restera ainsi dans le coma, ne faisant que gémir et dormir. On la nourrira avec un peu de thé léger et du lait, c'est tout. Le 25 mars, sa soeur Alice qui dormait avec elle est réveillée par un grand bruit en même temps qu'elle voit une grande lumière et Marthe lui dit : "Oui, la lumière est belle, mais j'ai vu aussi la Sainte Vierge."

Les gens du village s'attendent à un miracle, mais l'état de Marthe s'aggrave, en avril 1921, on la croit perdue et elle reçoit le sacrement de l'extrême-onction. Quelques temps après elle reprend vie et demande à se lever. Son père lui achète un fauteuil, il la porte dans ses bras et l'installe là dans la cuisine, mais on prend soin d'entrebâiller les volets car déjà ses yeux craignent la lumière. Elle peut vivre alors assise dans son fauteuil, lisant et brodant pour ne pas être à la charge de ses parents. Elle dira plus tard que la Sainte Vierge venait lui apprendre certains points, une fois même elle lui brodera en quelques jours une robe de baptême.

Au cours de cette année 1921 elle va faire deux pélerinages, un à Notre-Dame de Bonne Combe et l'autre à Notre-Dame de Chatenay.

Marthe a ce désir intense de se livrer toute entière au Seigneur, elle aimerait entrer au Carmel. Puis un jour, en 1921, alors qu'elle se trouve chez sa soeur Gabrielle pour l'aider, elle trouve au grenier un livre de piété et ses yeux tombent sur cette phrase qui disait à peu près ceci : "Tu cherches la joie, le calme, la douceur ; c'est à la souffrance qu'il faut te préparer". Ce fut un éclair qui la traversa toute entière : "Pour toi", s'est dit Marthe, "ce sera la souffrance".

Octobre 1922, les douleurs aux genoux reprennent, la paralysie refait son apparition.

En 1923, c'est l'arrivée de l'abbé Faure à Châteauneuf, qui ne tardera pas à faire une visite à la famille Robin.

En octobre, Marthe va faire une cure aux bains résineux de Saint-Péray. Ces séances devaient être très éprouvantes mais Marthe garde son humour et écrit à sa nièce : "Je te dirai que j'ai pris aujourd'hui ma huitième 'cuite'. Je pense que je sortirai bientôt à point". Cependant ce traitement n'apporte pas l'amélioration attendue. Si le résultat médical n'est pas brillant, le séjour à Saint-Péray a pourtant marqué une étape dans la vie spirituelle de Marthe car elle va y faire deux rencontres importantes. Celle de la Comtesse d'Alboussière qui lui parlera beaucoup de la Passion de Jésus, et celle d'un prêtre d'Angers dont elle retiendra cette phrase : "Je presse dans mes bras la Croix de mon Sauveur". A travers ces deux rencontres, c'est pour Marthe un appel à partager la souffrance du Christ Crucifié.

En août 1925 elle avait décidé d'aller à Lourdes pour demander sa guérison afin de pouvoir entrer au Carmel. Mais elle apprend qu'une autre malade de Châteauneuf veut y aller. Alors Marthe n'hésite pas et lui cède sa place. Elle s'abandonne sans condition à la volonté du Seigneur sur elle.

Le 15 octobre 1925, elle écrit de sa main sa Consécration totale de Victime d'Amour. "*Dieu éternel, Amour infini ! O mon Père, vous avez tout demandé à votre petite victime. Prenez donc et recevez tout. En ce jour je me donne et me consacre à vous toute entière et sans retour. O le Bien-Aimé de mon âme, mon doux Jésus, c'est vous seul que je veux et pour votre Amour je renonce à tout. Mon Dieu prenez ma mémoire et tous ses souvenirs, prenez mon coeur et toutes ses affections, prenez mon intelligence et toutes ses facultés, faites qu'elle ne serve qu'à votre plus grande Gloire. Prenez ma volonté toute entière, c'est à jamais que je l'anéantis dans la vôtre. Non plus ce que je veux, ô mon très doux Jésus, mais toujours tout ce que vous voulez. Prenez-moi, recevez-moi, dirigez-moi, guidez-moi, à vous je me livre et je m'abandonne. Je me livre à vous comme une petite hostie d'amour, de louange et d'action de grâce pour la gloire de votre saint Nom, pour la jouissance de votre Amour, le triomphe de votre Sacré-Coeur et pour le parfait accomplissement de tous vos desseins en moi et autour de moi. O mon Dieu, tout mon pauvre moi est à vous, faites-en je vous en supplie votre petite humanité de surcroît, toute vôtre, toute à vous, toute pour vous, votre ciel d'amour sur la terre. Que je n'aie plus de pensées, de vouloirs, de désirs, d'intérêts, de joies et de souffrances que les vôtres. (...) O Sauveur Adorable ! Vous êtes l'unique possesseur de mon âme et de tout mon être ! Recevez l'immolation que, chaque jour et à tout instant, je vous offre en silence. Daignez l'agréer et la faire servir au bien spirituel et divin de tant de millions de coeurs qui ne vous aiment pas, à la conversion des pêcheurs, au retour des égarés et des infidèles, à la sanctification et à l'apostolat de tous vos bien-aimés prêtres et en faveur de toutes les créatures...*" (extraits). C'est pour Marthe un grand tournant, ce qui est offert à Dieu est offert et désormais elle n'aura plus d'autre aspiration que celle de prier et de s'offrir.

En 1926 Marthe retombe malade ; durant trois semaines, elle sera entre la vie et la mort. C'est alors qu'elle reçoit par trois fois la visite de sainte Thérèse de l'Enfant-Jésus qui vient la réconforter, et lui demande de continuer sa mission sur la terre. Et Marthe avec son humour dira : "O la coquine, elle m'a tout laissé à faire !" Elle dit alors à sa famille : "Je crois que je ne vais pas mourir, j'expérimente combien il est doux d'aimer même dans la souffrance, car la souffrance est l'école incomparable du véritable amour."

Les jambes complètement paralysées, elle ne peut plus se déplacer ; elle mange à peine. En 1927, Marthe suce encore quelques bonbons acidulés qu'on aime lui offrir. En 1928, sa maman lui met des petits bouts d'orange dans la bouche, elle peut encore les sucer et prendre aussi quelques petites cuillerées de café. D'autre part elle ne dort plus et souffre ainsi nuit et jour.

L'abbé Faure vient souvent la voir, il est un peu désemparé par cette paroissienne et se sent dépassé par tout ce que Marthe lui dit. Mais le frère de Marthe qui était très timide n'aimait pas les visites de ce prêtre et Marthe par amour pour son frère dans une grande délicatesse demanda au Père de ne plus venir. Celui-ci accéda au désir de Marthe sans comprendre et en pensant peut-être qu'elle était un peu orgueilleuse de pouvoir se passer du prêtre mais par discrétion Marthe ne dit rien.

Vers la fin de 1928, deux pères viennent prêcher une mission, le père Jean et le père Marie-Bernard. Lors de leur tournée aux malades, ils découvrent Marthe et sont très impressionnés par cette petite sainte cachée au coeur de la campagne. Le père Marie-Bernard lui conseille de ne plus lire que des livres profonds spirituellement et lui propose d'entrer dans le tiers-ordre franciscain ce que Marthe va faire tout de suite : le 2 novembre 1928. Ils vont demander au père Faure de reprendre ses visites auprès d'elle.

Dans la nuit du 2 au 3 novembre, première attaque du démon. Il est venu, lui a donné un coup de poing et lui a cassé deux dents. Et de plus en plus il va venir l'importuner. Elle nous dit elle-même : "Le démon m'attaque par la soif en me faisant éprouver des soifs cruelles et excessives ce qui m'est un tourment très pénible". Parfois il s'amusait à ouvrir le robinet d'eau qui était dans la chambre à côté afin d'augmenter sa douleur. "Il me tente aussi par l'immobilité à laquelle je suis exclusivement condamnée par mon infirmité en me donnant des désirs poignants qu'on me soulève, qu'on m'arrache un peu de mon lit pour me soulager me semble-t-il. Et quand ma chère maman est obligée de me déplacer, de me soulever un peu, je voudrais me dérober à sa vue pour qu'elle ne me touche pas tant le moindre mouvement me déchire." Et ainsi jusqu'à sa mort le démon ne cessera de venir l'attaquer et parfois avec beaucoup de violence.

Le 2 février 1929, ses deux bras se paralysent à leur tour. Marthe ne peut plus désormais ni écrire, ni broder. "J'ai encore gardé mon dé à mon doigt une bonne huitaine de jours et puis j'ai dit à maman : "Tu sais tu peux m'enlever mon dé, maintenant"... Et il lui sera dur de quitter son travail : "O mon cher travail faudra-t-il donc aussi le quitter, il me donnait encore l'illusion d'être utile à quelque chose." A présent on étend Marthe sur le petit divan qu'elle ne quittera plus jusqu'à la fin de sa vie. Elle ne pourra plus manger ni boire ; quand les médecins veulent la faire boire de force, elle essaie par obéissance mais le liquide qu'elle prend par la bouche ressort par le nez. Son unique nourriture sera l'Eucharistie.

L'abbé Faure vient de plus en plus souvent la voir et lui propose d'écrire son courrier qu'elle lui dicte. Il lui demande aussi de lui dicter les prières que Jésus met dans son coeur.

Marthe s'enfonce toujours plus dans la souffrance : "*O Jésus, vous avez fait de moi votre petite victime, comme vous avez voulu être la mienne et celle de tous les hommes, toute ma vie ô mon Dieu est à vous. O Croix, Croix de mon Sauveur, ô échelle divine qui unit la terre aux cieux, tu es l'autel sur lequel je dois consumer mon sacrifice et consumer ma vie dans l'immolation et l'amour.*" (12 juillet 1929)

L'image vivante du crucifié

Le 2 janvier 1930 Marthe fait cette prière : "*O Père tendre et bon ! O Dieu unique et parfait ! Que ferez-vous de moi cette année ? Où me mènera votre Amour ? Quel délai m'imposerez-vous ? Que me demanderez-vous ? Quels imprévus demanderez-vous encore à votre pauvre petite servante, à votre pauvre petite victime ? Je l'ignore... et ne cherche pas à savoir. Fiat, ô mon Jésus, mon Dieu, Fiat et toujours Fiat, dans l'amour et le renoncement de tout. O Seigneur, de moi, de tous et par tous, soyez glorifié et béni, maintenant et toujours. Amen. Magnificat anima mea Dominum !*" Et c'est en cette année 1930 que Marthe est appelée à devenir l'image vivante du Crucifié. Le 14 février elle fait cette très belle prière : "*J'ai bu l'amère calice, j'ai bu jusqu'à l'ivresse ne cherchant le doux refuge que dans ton coeur car toi seul es ma force et moi l'humble faiblesse. Ne m'abandonne pas, je suis tienne, ô Seigneur ! Je suis ta proie, ô Jésus dans la croix et la joie, dans la cruelle épreuve et la vive douleur. Qu'il est doux de souffrir quand on s'immole à toi et qu'on a pour soleil le grand feu de ton coeur. Je sais où vit l'amour, j'ai vu briller la flamme. Pour ton ciel ô Jésus je veux cueillir des fleurs, des tourments douloureux ensanglantent mon âme, mais toujours je redis merci mon Sauveur".* Mais Marthe est aussi très tourmentée. Le Samedi Saint 1930 elle dit : "*Mon âme est toute désemparée, ne m'abandonnez pas ô Jésus, il fait nuit en moi, tout m'ensanglante mais j'accepte avec ardeur de continuer mon pèlerinage, je n'ai qu'un désir, sauver les âmes en aimant Dieu toujours davantage.*" Elle avait demandé la grâce que l'on ne voit jamais comment elle souffrait. Et elle écrit à son amie Jeanne Bonneton devenue carmélite : *"Je vous demande ma soeur Marie-Thérèse de prier pour qu'on ne voit pas comme je souffre, ni les miens, ni autour de moi. Je demande journellement cette grâce à la sainte Vierge et pour qu'elle continue de m'exaucer je vous prie de le demander avec moi".*

Le 11 août elle est reçue par le père Marie-Bernard à la "consécration des vierges". C'est un peu comme une officialisation en Eglise de son acte d'offrande. Pour cette occasion elle se revêt d'une chemise de nuit toute brodée et d'un voile sur la tête, elle se fait toute belle pour son époux.

Cette année 1930 est décisive dans la vie de Marthe. A la fin du mois de septembre, Jésus apparaît à Marthe et lui demande : "Marthe, veux-tu être comme moi ?" Marthe acquiesce dans son brûlant désir d'être toute conforme à son Bien-Aimé. Et quelques jours plus tard, Jésus lui apparaît sur la Croix. Un feu tout brûlant sortait de son Coeur. Jésus lui demande alors d'offrir ses mains. Un dard sort de son coeur se divisant en deux rayons, pour percer l'un la main droite, et l'autre la main gauche. Mais en même temps c'était comme si ses mains étaient percées pour ainsi dire de l'intérieur. Après, Jésus l'invite à offrir ses pieds, ce qu'elle fait immédiatement en dépliant ses jambes (la paralysie est miraculeusement suspendue). A nouveau un dard se divisant en deux lui perce les pieds. Jésus l'invite ensuite à offrir son coeur comme il l'avait fait pour les mains et les pieds, et un trait de feu jaillissant aussi du Coeur de Jésus lui transperce alors le coeur, elle reste presque évanouie pendant plusieurs heures. Puis Jésus l'invite à recevoir la couronne d'épines qu'il place lui-même sur sa tête. C'est sa maman qui la première vit que le sang avait coulé. A partir de cet instant Marthe va vivre la Passion du Christ chaque jour mais d'une façon plus précise et plus intense chaque vendredi, et elle va la souffrir de plus en plus parce que le Christ lui avait dit qu'elle souffrirait de plus en plus jusqu'à la fin de sa vie. Il y a des cahiers entiers remplis de la Passion que Marthe vivait. Elle disait à haute voix tout ce qui se passait en elle. Puis à partir de 1948 jusqu'à la fin elle vivra sa Passion dans le silence. *"J'ai toujours été amenée à une plus intense souffrance tous les jours, comme j'ai été emportée dans l'union sans que ma volonté n'y ait aucune part sinon d'adhérer aux vouloirs divins. Ça va tellement vite, tellement loin, que l'âme en a le vertige... Cette souffrance et cette joie ne se mesurent pas. On va, on va, sans savoir où le Bon Dieu emporte : on sait que c'est en Lui, dans sa divine Volonté, dans son Amour."*

Marthe en général ne parlait pas de sa stigmatisation si ce n'est pour des raisons spirituelles de direction. Mais elle ne s'est jamais habituée à la souffrance, et chaque semaine, le jeudi, elle avait ce dialogue avec le père Finet : Père est-ce que vous savez bien que c'est jeudi aujourd'hui ?

- Oui mon enfant.
- Vous savez père que ce soir...
- Oui mon enfant.
- Père je ne pourrai pas.
- Si mon enfant.

Et à partir de ce moment-là, Marthe entrait dans les actes de la Passion, elle entrait dans un combat contre les forces du mal, contre le démon, contre l'enfer. Elle faisait un avec Jésus. Et une des armes du démon était de lui montrer que ses souffrances seraient inutiles puisqu'il y avait quand même des âmes qui allaient en enfer, et pour Marthe c'était une souffrance terrible.

L'oeuvre des Foyers de Charité

Sa vie d'intime union à Dieu la laisse par ailleurs très présente, très attentive aux habitants du village qui viennent volontiers la voir. Les enfants sont ses familiers, ils lui racontent leurs histoires, et ils prient le chapelet avec elle. Elle écoute, encourage, rassure, ouvre des portes d'espérance, elle voudrait que toutes les âmes du monde connaissent et aiment le bon Dieu.

Dans ces premières années 30, Jésus s'ouvre à Marthe d'un grand projet qu'il a sur le monde, lui faisant comprendre que l'heure approche de le réaliser, et qu'il l'a choisie, elle, "sa petite crucifiée d'amour", pour lui donner le jour. Dès 1933, Marthe demande à l'abbé Faure de fonder une école chrétienne dans le village. Un an plus tard, le vieux château aménagé (un ancien dancing) ouvre ses portes à sept élèves. C'est la première pierre d'une fondation qui n'a pas fini de s'étendre.

Ce que Jésus a dit à Marthe, elle l'a dicté dans un texte intitulé : "Gethsémani". En voici quelques extraits.

"Je veux faire ici quelque chose de nouveau et de très grand pour Notre Gloire, à cause de toi... Je répandrai sur l'oeuvre et sur chacun de ses membres des flots de lumière et de grâces... Ma très Sainte Mère, qui sera la Reine glorieusement aimée et écoutée en ce Foyer de mon amour, qu'Elle conduira Elle-même par sa présence toute maternelle, y connaîtra un véritable triomphe qui rejaillira au loin et sera connu des points les plus reculés de la terre... Sa création sera le refuge des grandes détresses humaines qui viendront y puiser la consolation et l'espérance, et l'abri de ces murs, le signe évident de ma Volonté et l'appel émouvant de mon Coeur aux pécheurs innombrables qui viendront de toutes parts, attirés par ma Mère et par Moi, y chercher la Lumière et la guérison de leurs maux, dans mon pardon divin."

Un "Foyer éclatant de Lumière, de Charité et d'Amour", telle doit être l'oeuvre que le Seigneur confie à Marthe en 1933, alors qu'elle est totalement anéantie dans son corps, incapable de bouger ni de quitter sa chambre. Marthe ose à peine croire qu'elle est choisie pour cela. Mais le Seigneur a son plan : elle sera l'instrument des ordres de Dieu, et un prêtre également choisi par Dieu sera le maître d'oeuvre. Ce fut le rôle du père Finet. Le Seigneur unit leurs deux âmes dans une profonde communion dont il est la source afin de répandre son amour au coeur des hommes.

Ainsi donc le 10 février 1936 a lieu la première rencontre de Marthe avec le père Finet. Marthe avait commandé un tableau représentant Marie Médiatrice pour placer au coeur de sa chère école. De Lyon il fallait l'apporter à Châteauneuf, c'est au père Finet que l'on confia ce service. Il arrive d'abord au presbytère où il rencontre l'abbé Faure qui lui propose de rencontrer Marthe et l'emmène à la Plaine. Tenant le tableau dans ses mains, il entra dans sa chambre, comme si c'était Marie qui l'introduisait auprès de Marthe. Ils firent une prière et il fut convenu qu'il retournerait la voir dans l'après-midi.

A 14 heures le Père remontait tout seul auprès de Marthe. Il resta auprès d'elle durant trois heures. La première heure Marthe lui parla de la Sainte Vierge ; lui qui enseignait depuis longtemps la Dévotion à la Vierge Marie selon saint Louis-Marie Grignion de Montfort dut reconnaître qu'il n'en connaissait pas bien long en regard de ce qu'il venait d'entendre. C'était une pure merveille, disait-il souvent en racontant cela. Puis Marthe lui parla de l'Eglise et du monde annonçant notamment "une nouvelle Pentecôte d'Amour". Elle lui dit que l'Eglise allait totalement rajeunir, retrouvant les dimensions qu'elle avait aux premiers siècles avec un grand élan missionnaire où de nombreux laïcs s'engageraient dans cet apostolat. Puis elle lui parla de ce que le Seigneur lui avait révélé sur les Foyers de Lumière que seraient les Foyers de Charité.

A 16 heures, Marthe lui dit avec assurance :
- Monsieur l'Abbé, j'ai une demande à vous adresser de la part de Dieu : c'est vous qui devez venir à Châteauneuf pour fonder le premier Foyer de Charité.

Surpris il répondit :
- Mais je ne suis pas du diocèse !
- Qu'est-ce que cela peut faire puisque Dieu le veut.
- Ah excusez-moi, je n'y avais pas pensé ! Mais pour faire quoi ?
- Bien des choses, notamment pour prêcher des retraites.
- Je ne sais pas faire.
- Vous apprendrez.
- Des retraites de trois jours ?
- Non, car en trois jours on ne change pas une âme. La Sainte Vierge demande cinq jours pleins.
- Mais à qui s'adresseront ces retraites ?
- Pour commencer à des dames et jeunes filles.

- Que faudra-t-il faire pendant ces cinq jours ? des carrefours ? des échanges ?
- Non, la Sainte Vierge demande le silence complet.
- Le silence complet ! Mais comment pourrai-je demander un tel silence à des femmes et jeunes filles ? C'est impossible !
- Mais puisque Dieu le demande...
- Ah ! excusez-moi, je n'y avais pas songé.
- A quelle date faudra-t-il commencer cette prédication ?
- Vous la prêcherez le lundi 7 septembre jusqu'au dimanche 13 dans l'après-midi.
- Mais comment faire connaître ces retraites ?
- Vous ne devez rien dire : la Sainte Vierge Elle-même se chargera de vous amener toutes vos retraitantes.
- Mais où faudra-t-il prêcher ces retraites ?
- Dans le local de l'école de filles. Il y aura de nombreux travaux à faire : mettre le chauffage, faire des briquetages, préparer des chambres, consolider l'escalier et surtout préparer la chapelle où se donneront les conférences.
- Mais qui réalisera les travaux ?
- C'est vous-même.
- Mais avec quel argent ?
- Ne vous tourmentez pas, la Sainte Vierge y veillera.
- Je ne puis refuser, mais encore dois-je demander l'autorisation de mes supérieurs.
- Ah oui, vous devez vous mettre dans l'obéissance.

C'est ainsi que le père Finet reçut la permission de ses supérieurs. Son père spirituel le père Valensin lui dit même : "Vous devez faire tout ce qu'elle vous dira. Elle ne vous trompera jamais."

Le 7 septembre 1936 au soir, tout est prêt pour accueillir trente-trois femmes venues pour vivre la première retraite à Châteauneuf. C'est la naissance du premier Foyer de Charité. Le 8 septembre Marthe demande au père Finet de la confesser et de lui donner la communion, et pour la première fois elle l'appellera "Père", ce que le père Finet vivra comme un nouveau "baptême" ouvrant le rôle qu'il aurait auprès d'elle.

A partir de cette date, le père Finet vécut auprès de Marthe dans la fidélité quotidienne, pendant quarante-cinq ans, les moments les plus grands et bouleversants de sa vie comme les moments les plus simples et les plus ordinaires.

Le 23 juin 1936, mort du père de Marthe : "Mon cher papa a vraiment fait la mort d'un saint, et c'est tout mon bonheur... Les derniers jours, il répétait sans cesse 'Seigneur, ayez pitié de nous'. Enfin son dernier baiser fut pour Jésus Crucifié."

Le 22 novembre 1939, la maman de Marthe après avoir été ramenée de l'hôpital peut faire un baiser à Marthe, reçoit l'extrême-onction et s'endort dans la mort. Marthe aura un dialogue avec l'âme de sa mère avant que celle-ci ne quitte son corps.

L'oeuvre est lancée et des Foyers s'ouvrent petit a petit dans le monde entier. Une communauté de laïcs autour du Père du Foyer et ayant Marie comme Reine, se livre totalement pour permettre à une foule d'assoiffés de rencontrer le Seigneur. A partir de 1941 les retraites sont ouvertes aussi aux hommes.

L'emploi du temps de Marthe est très régulier, scandé par les visites qu'elle reçoit, le courrier qu'elle dicte, les prières vocales faites avec le père Finet et les membres du Foyer, les longs temps de solitude. Trois jours sont réservés à l'accueil : les mardi, mercredi et jeudi et à chaque visite, c'est un don total d'elle-même qu'elle réserve au visiteur. Marthe s'occupait beaucoup des plus pauvres, des prisonniers, des lépreux, des malades, envoyant des colis aux uns et aux autres et toujours avec beaucoup de discrétion dans sa façon de faire. Elle envoyait aussi des petites surprises aux foyers missionnaires. Marthe se tenait au courant de la confection des paquets. Elle disait exactement ce qu'il fallait mettre dedans quitte à faire rajouter au centigramme près, une image, un chapelet, une plaque de chocolat ou des friandises pour faire exactement trois kilos par avion.

Le mercredi soir Marthe reçoit l'Eucharistie. Comme le témoignent nombre de prêtres, l'hostie échappait de leurs doigts comme aspirée par l'être de Marthe qui entrait aussitôt en extase. Le Père la sortait de l'extase le jeudi matin afin qu'elle puisse recevoir encore des visites. Puis le jeudi soir Marthe entre en agonie. Rien ne lui est imposé, le Seigneur lui propose chaque semaine d'entrer dans Sa Passion, par amour. Le père Finet l'entend d'abord dire "non" à la vue d'une telle épreuve. Mais chaque fois le non est suivi d'un oui, et alors Marthe se livre toute entière et sans réticence aux souffrances de la Passion. Le vendredi pendant deux heures la Sainte Vierge se tient là auprès d'elle, au pied de sa croix. Puis Marthe vit la mort de Jésus, sa descente aux enfers et sa Résurrection. Elle ne revient à elle que le dimanche ou plus fréquemment le lundi.

D'année en année, Marthe est emportée plus profondément dans les mystères de la souffrance rédemptrice du Christ, et cela jusqu'à la déréliction la plus déroutante. Dans les derniers mois, le prince des ténèbres voyant son ennemie remporter tant de victoires pour la conversion des âmes, se met à la tourmenter plus que jamais, multipliant ses méfaits, jurant d'aller jusqu'au bout. De son côté, la Vierge soutient puissamment son "enfant chérie". A la Toussaint 1980, Marthe est torturée par une intolérable torsion de la colonne vertébrale ; puis au début de 1981, elle est prise d'une toux déchirante qui ne la quittera plus. Dans le même temps, de grandes victoires de la grâce sont obtenues par son intercession, il faudrait des livres et des livres pour tout raconter.

Début février 1981, Marthe ne peut presque plus parler, et c'est avec peine qu'elle s'unit aux prières faites avec elle. On décommande les visites. Le mardi, elle confie au père Finet : "Cette nuit, le démon m'a fait tomber, et m'a tapé la tête contre le sol. La Sainte Vierge m'a remise en place sur mon oreiller... mon Père, mettez donc deux coussins sur le sol s'il recommence". Le mercredi soir entourée d'un bon nombre de familiers, elle récite les prières habituelles et reçoit le corps du Christ. Puis le jeudi matin le Père la fait sortir de l'extase, mais elle ne peut lui dire un seul mot, tant elle souffre. Si bien que toute la journée, le Père reste inquiet. Le soir il l'accompagne comme toujours dans son entrée dans la Passion et la quitte vers 22 h 10. C'est dans ce grand silence de l'Abandon de Jésus, le vendredi après-midi, que Marthe quitte notre terre. Le Père monte à 17 h pour prier auprès d'elle, mais que voit-il ? Marthe gisant sur le sol, jetée à terre par le démon, et déjà toute glacée, elle venait d'entrer dans la Vie. C'était le 6 février 1981.

Jusqu'en sa mort d'ignominie Marthe a suivi l'Agneau, elle est descendue avec Lui dans les abîmes des ténèbres, là où l'adversaire semble triompher, mais où justement l'Amour vient le terrasser, pour libérer les captifs. Elle l'a fait par amour de l'Amour, et par amour de chacun de nous.

Dans les jours qui ont suivi, il a enfin été possible de la voir. Comme elle était belle, en robe de communiante sur son petit divan soudain éclairé, toute rayonnante de paix et de bonheur, comme en extase.

II

Marthe donnée en spectacle aux yeux des anges

Car Dieu semble-t-il nous a mis nous les apôtres, au dernier rang des hommes, comme des condamnés à mort ! Et nous sommes donnés en spectacle au monde, aux anges et aux hommes (1 Co 4,9).

Martyre d'amour

Il n'y a pas de vie apostolique sans ce spectacle, sans ce scandale, sans ce choc de l'Amour qui devrait être réservé à la beauté de la chambre nuptiale, à l'intimité de l'homme avec Dieu, aux noces mystiques de l'Esprit et de l'Eglise. Mais, à cause de notre endurcissement Dieu lui-même s'est donné en spectacle. A cause de notre endurcissement l'Amour n'a pas eu d'autre choix que cette folie dans le sanglant spectacle du calvaire. Celui qui l'accepte est aussitôt conduit dans la chambre du Roi dont il n'aurait jamais dû sortir. Les apôtres sont des imitateurs de leur Maître et presque tous sont donnés en spectacle. L'histoire des premiers siècles nous fournit une longue liste de fils et de filles de la Croix qui furent conduits au cirque pour donner le même spectacle sanglant aux yeux des hommes et du monde. Quand cessa le martyre du corps, avec la fin des persécutions politiques et religieuses, fut mise en évidence la persécution du monde invisible ainsi que celle de la chair et du sang ; commença alors le martyre d'amour : la vie mystique. Je suis convaincu pour ma part que la stigmatisation intérieure est aussi vieille que le christianisme et que ce n'est pas par hasard que saint Paul nous parle des marques de la Passion du Christ qu'il porte dans son corps. Les saints d'Orient et d'Occident furent donnés en spectacle, dans un spectacle permanent, aux anges pour que dans un invisible combat le coeur des enfants soit retourné vers le coeur du Père.

La vie de Marthe, contrairement à celle de plusieurs stigmatisés de son temps, n'a pas été donnée en spectacle aux yeux des hommes. Telle n'était pas sa mission. Si d'autres ont été des crucifix vivants exposés aux regards, filmés, photographiés, François d'Assise fut le premier de ces crucifix vivants ; il a montré, à ses contemporains d'abord, et aux hommes de toutes les générations, que Dieu nous avait aimés jusqu'au transpercement. Marthe est restée cachée à nos yeux ; dans sa chambre on ne pouvait donner de la lumière que pendant les extases, le Père ne le faisait que rarement et comme à regret. En pleine lumière qu'aurions-nous vu ? Qu'a vu la commission médicale chargée de l'examiner ? Rien de vraiment spectaculaire, pas de plaies reproduisant fidèlement celles du Seigneur, comme ce fut le cas du Padre Pio. Les médecins traversaient de l'index les paumes de ses pauvres mains. Cette torture fut épargnée à Marthe. On ne l'ennuya que très peu, et pour ma part j'en suis reconnaissant au père Finet qui ne voulut jamais transformer sa fille en cobaye et mettre Jésus sous le microscope. Tout cela n'était pas nécessaire dans le cas de Marthe. L'essentiel se jouait dans l'invisible dans une lutte avec les puissances de l'air.

Comme dans la Passion de Jésus les souffrances "constatables" sont des preuves d'amour, des actes d'amour, la souffrance intérieure, insondable à nos yeux mais qui sonde les abîmes de l'humanité souffrante pour opérer l'oeuvre de sa rédemption, cette souffrance-là, seuls les anges et les démons la voient, les premiers sont consternés, les autres tremblent. Marthe ne fut pas donnée en spectacle aux yeux des hommes mais aux yeux des anges.

Parabole indienne

Marthe petite fille qui aimait à rire et à danser, enfant si saine, j'écris pour toi. Enfant qui confondait les docteurs, j'ai si peur que devant la blancheur de ton lit vide, les docteurs ne te confondent à la face du monde. Payse de l'ardent pays de la Drôme, tu es vraie, si vraie, si franche que la colère me prend quand on cherche quelle pourrait être la faille comme une balafre sur ton visage si blanc, si lisse, qui te discréditerait. Laisse-moi te raconter cette légende indienne. Je sais que tu aimes les histoires, que tu les retiens et les réinventes en les enrichissant de détails nouveaux et savoureux.

C'est l'histoire d'un groupe d'aveugles de naissance qui vivaient en Inde. Ils ne connaissaient rien du monde qui les environnait. Ils entendirent parler de l'éléphant avec tant d'admiration qu'ils voulurent en connaître un par eux-mêmes. Chacun palpa la partie de l'animal qui se présentait à lui, qui une oreille, qui la trompe, qui une défense etc. Chacun était dans l'admiration de ce qu'il avait perçu et entreprit de partager son émerveillement. Le premier dit : un éléphant, c'est tout mou et long comme un boa, extrêmement mobile. Le second s'indigna : pas du tout ! un éléphant c'est tout dur, absolument immobile et ça se termine par une pointe. Un troisième se fâcha : comment pouvez-vous avancer de pareilles sottises, un éléphant c'est semblable à un pilier de marbre mais très rugueux au toucher, un éléphant c'est tout droit.

C'est bien le cas de dire qu'un éléphant ça trompe surtout quand à force de spécialisation et peut-être aussi d'un aveuglement dû à l'orgueil, on examine un sujet qui vous dépasse totalement.

Chère Marthe j'ai peur que l'on te décrive soit comme une voyante, un phénomène ou bien pis, un monstre, monstre de souffrance. Un médecin décrira tes plaies et il dira que seul un processus psychopathologique a pu les produire, un autre comparera ton jeûne total à celui des yogi, un autre dira que tu t'es trompée en parlant de certains événements, comme si les saints ne se trompaient pas. Chacun approchera la pauvre petite fille qui n'avait rien demandé d'autre que de rester cachée, chacun se heurtera au mystère et son savoir limité craindra la mystification. Mais Marthe tu n'es qu'un coeur. Je ne parle pas de ton coeur de chair, Dieu t'a opérée ou plutôt il a opéré cet admirable échange fruit d'une pentecôte sur ton âme, il a mis son coeur dans ta poitrine. Tu es devenue vaste comme son coeur plus vaste que l'univers. Dès lors qui peut te comprendre ? Quelle science peut ausculter un si grand mystère ?

On m'a dit, si vous parlez de Marthe surtout ne parlez pas de merveilleux. Le merveilleux ne m'émerveille pas, seul l'amour m'étonne et m'émerveille.

Le sens qu'elle donne à la souffrance

En présence de Marthe il était difficile de trouver les mots qui auraient traduit d'une manière juste ce que nous voulions lui dire pour la bonne raison qu'on n'avait plus grand-chose à lui dire, ou à dire tout court. Etre là dans sa chambre relativisait tout et particulièrement les difficultés de l'existence, les problèmes et souffrances personnels. La sienne que nous devinions mais qui ne s'imposait pas relativisait, pour ne pas dire qu'elle absorbait la nôtre. La parente d'un ami au moment de quitter Marthe osa cette phrase : "Merci de souffrir". Marthe corrigea : "Non ! Merci d'aimer."

Par la souffrance, elle apprit à souffrir. Voila qui pourrait bien sembler une évidence. Non, c'est un paradoxe que nos contemporains ne sont pas prêts d'admettre. Ils sont devenus étrangers à cette science divine du bien souffrir, car il sont devenus étrangers aux moeurs divines dont la croix est l'expression sublime. Marthe a souffert sublimement, divinement. L'amour qui l'aspirait assumait sa souffrance d'une manière si parfaite que souffrir n'était plus souffrir. Certes Marthe a été éduquée à souffrir par des lectures que nous connaissons surtout par la petite Thérèse et Marie-Antoinette de Geuser. Elle profitait pleinement de tout, c'est un des traits marquants de sa personnalité, à tel point que certaines expressions de ces auteurs, elle les a faites siennes. Il n'y a pas là plagiat, ils lui ont donné les mots justes pour traduire l'indicible qu'elle goûtait dans l'extase.

Ses écrits laissent parfois l'impression qu'elle use de stéréotypes, de phrases toute faites mais ce "non ! merci d'aimer" vaut un traité de théologie, de la plus haute théologie. L'expression orale était bien d'elle, unique, à la fois terrienne et céleste et traduisant une authentique et parfaite participation à la vie divine.

L'identification au Christ crucifié passe par un partage de l'amour fou de Dieu. *Car Dieu a tellement aimé le monde qu'il a donné son Fils unique.* Tellement aimé ! Il a tellement aimé qu'il a tellement souffert pour témoigner jusqu'au sang, pour signer de son sang cette promesse formelle : *que* quiconque *croit en lui ne périt pas mais a la vie éternelle.* La Vierge Marie a été la première créature à être dès l'Annonciation associée à la fois aux promesses de rédemption du monde et à l'engagement sanglant de l'amour. La parole de l'ange qui dit *le Seigneur est avec toi* la plonge dans l'angoisse car la voilà associée dans sa chair, dans son coeur, dans son esprit aux desseins de Dieu. Sa réponse est, plus fort que le Fiat latin, *hinени,* me voici. En d'autres termes je m'offre à ce terrible amour, qu'il me soit fait selon cette Parole qui prend chair de ma chair pour être crucifiée, descendre au séjour des morts et ressusciter le troisième jour. Marie est la Mater Dolorosa, la mère des douleurs, celle qui apprend à ses enfants à souffrir et c'est par elle, sa bonne Mère, que Marthe s'est offerte corps et âme au bon vouloir de Dieu. Le père Finet aimait confier aux retraitants que Marthe était la personne qui avait le plus souffert au monde après la Vierge Marie. Je le crois volontiers à cause de l'union si grande de Marthe et de Marie qui lui a enseigné, plus que dans les livres qu'on a pu lui lire, à s'unir à la Passion amoureuse de son Fils. Marthe peu à peu, comme tous les saints, se détache de sa propre souffrance pour migrer dans la souffrance de Dieu. Sa souffrance devient paisible et comme le dit le curé d'Ars "une souffrance paisible n'est plus une souffrance". Ce n'est plus une souffrance mais une invitation, un stimulant à s'unir à l'amour crucifié et glorifié en même temps qu'un témoignage d'amour. C'est si vrai que les saints souffrent de ne pas souffrir. "Souffrir ou mourir", disait Thérèse d'Avila et Agnès de Langeac de surenchérir à la manière de Marthe, "aimer ou mourir".

Si la capacité de souffrir de Marthe a été inouïe, c'est parce que son coeur a été dilaté dans des proportions inouïes, c'est parce qu'elle a vécu l'échange des coeurs, à partir d'une certaine date elle a senti le coeur de Jésus battre dans sa poitrine.

Fortifiée par tant de grâces, on comprend que ses innombrables maux physiques auraient pu faire d'elle un "monstre de souffrance" ; c'est tout le contraire, la douleur a fait d'elle un séraphin d'amour. Elle cherche, au milieu de ses maux, à se rendre agréable aux autres et à Dieu, elle cherche même à offrir davantage. Dans sa dernière maladie, une bronchite qui la secouait de quintes de toux et la fatiguait terriblement, on l'informa de l'état de santé alarmant du père Finet. Elle dit avec beaucoup de candeur : "Qu'est-ce que je pourrais bien offrir pour sa guérison ?"

Les souffrances psychiques du Christ actualisées chez Marthe pour l'Eglise d'aujourd'hui

Le crucifix au cours des âges a changé de forme selon les malheurs du temps, selon les souffrances humaines qui étaient avant tout épidémie, famine, insécurité, injustice, c'est-à-dire misère ressentie dans le corps. C'est ainsi que Matthias Grünewald a peint son célèbre rétable d'Issenheim avec l'urine des galériens. La Passion de Marthe pénètre les souffrances psychiques de Jésus avec une acuité nouvelle car c'est avant tout dans son âme, dans son psychisme que souffre l'homme moderne. Marthe a parlé à l'une de mes soeurs d'un supplice que Jésus a subi et qui n'est pas relaté dans les évangiles. (Nous ne le trouvons pas non plus dans sa relation de la Passion. Ce passage concernant l'emprisonnement de Jésus tel que Marthe l'a relaté à ce moment était extrêmement proche du récit qu'en fait Anne-Catherine Emmerich.) Cette constatation nous amène à déduire d'une part que les visions de Marthe sur la Passion ont évolué et qu'il ne faut pas s'en tenir uniquement aux relations anciennes, d'autre part que l'extase n'est pas une sorte de cinéma ou une machine à remonter le temps. En effet beaucoup de ces visions, sans comporter de caractère onirique, n'en sont pas moins symboliques, comme un songe, comme les stigmates eux-mêmes qui ne sauraient être une représentation purement historique. C'est la compassion de l'extatique qui compte seule. Pour camper le décor, Dieu se sert d'un "matériau" qui se trouve déjà dans la personne, sa connaissance des Ecritures, ses lectures : chez Marthe, Anne-Catherine Emmerich, qu'elle connaissait parfaitement. Jésus, selon la vision de Marthe, a été jeté dans une prison située à Saint-Pierre en Gallicante, ressemblant à celles que l'on trouve sous l'Ecce homo - où je fus accidentellement enfermé, dans le noir, lors de ma première visite des lieux saints. Cette prison devait être une grotte dont la seule issue était un puits. Jésus fut suspendu dans le vide et tourna au bout de sa corde toute la nuit*. Marthe vivait d'une manière quasi permanente un vertige, cette suspension au-dessus du vide. D'autres mystiques décrivent cet état en le rattachant à la croix. Au-dessus un ciel fermé, en-dessous la terre se dérobe, rien à l'Occident, de l'autre côté c'est la "désorientation", la perte de l'Orient, comme on dit aujourd'hui perdre le Nord. Cette déracination, cette éradication, Marthe l'a vécue dans ces années d'épreuve et de purification des sens et de l'esprit mais elle continue à le vivre pour le monde. Combien d'êtres ressemblent au Christ en prison, déracinés affectivement, pris dans un grand vertige psychique jusqu'à la nausée, jusqu'à la fascination de la mort comme porte unique de sortie.

Cette souffrance nouvelle, Marthe l'a vécue n'en doutons pas pour tous ceux que les Foyers de Charité allaient arracher à ce vertige. A propos de certaines souffrances que j'éprouvais dans mon âme, Marthe a dit que je les vivais non pas pour la Communauté du Lion de Juda elle-même mais pour toutes les âmes qu'elle portait et pour toutes celles qu'elle porterait dans l'avenir. La difficulté, et c'était aussi la sienne, réside dans le fait qu'on ne peut à la fois vivre un tel vertige et s'accrocher à la paroi de la prison, autrement dit avoir la certitude que cette souffrance serve à quelque chose. Seul l'amour

---

* Nous avons étudié l'incidence des visions des mystiques dans l'art au XVIIème siècle, période extatique inouïe. Le Père de la Puente dans ses *Meditaciones*, véritable chef-d'oeuvre comparable à la *Cité Mystique* de Marie d'Agréda sa contemporaine, a vu en extase tout ce qu'il décrit. Pourtant, il prend la précaution de citer ses prédécesseurs ; on ne remarque en effet qu'un nombre limité de nouveautés. De même chez Monsieur Olier qui conseillait le peintre Le Brun ou saint Jean de la Croix dont la vision du crucifix inspira Dali.

qui pousse à un total abandon permet de tenir et Marthe était possédée par cet amour. Plus encore que l'esprit de vertige décrit par saint Jean de la Croix, Marthe d'une manière permanente était identifiée et portait pour l'offrir la souffrance du monde moderne. Elle a confié à un de mes amis prêtre que la prophétie de l'Apocalypse concernant la mort des deux-tiers de l'humanité n'était pas liée à une guerre atomique ou autre catastrophe mais à une mort spirituelle.

L'humour qui accompagne les plus grandes souffrances

La plus grande preuve de la sainteté c'est la joie. La preuve par la joie qui répond à l'épreuve de la foi. La gaieté fait partie de la dette d'amour que nous avons envers tout prochain. Marthe aimait rire et faire rire au coeur même de la constante agonie de son séjour sur la terre. Il est bon d'avoir connu une telle sainte pour corriger les corrections apportées à la vie des plus grands saints. On craint tellement chez ceux que l'Eglise choisit comme modèle à proposer aux chrétiens qu'ils ne soient pas pris au sérieux... Pourtant rien n'est plus sérieux que l'humour ! Le peuple juif, conduit comme un agneau à l'abattoir aux longs des siècles, en témoigne.

L'humour est un acte de foi, une manière de prendre de la hauteur, de la distance par rapport au malheur, une manière de se désolidariser de la fatalité. L'humour est une forme de détachement que les pères ont pratiqué, l'humour bande l'arc de l'ascèse et les traits d'humour sont des flèches qui accomplissent des actes de mortification très efficaces. Dire que tout passe et que Dieu seul demeure, n'est-ce pas une forme absolue de l'humour que pratiquait sainte Thérèse d'Avila. Marthe dira de sa voix enjouée : "le passé est passé, il faut le dépasser". Elle aimait tant les jeux de mots, les transformations de mots, les néologismes, c'était une grande "inventeuse". Au cours d'une conversation sur un sujet très grave je me souviens que Marthe laissa échapper un jeu de mot, presque malgré elle, relativisant ainsi le mal et sa puissance.

Elle me disait aussi : "je prie pour votre message et pour votre ménage."

Elle se faisait raconter des histoires drôles par ses proches et quelque temps après elle aimait à les raconter à sa manière, enjolivées de détails cocasses. J'aime particulièrement l'anecdote suivante qui m'a été rapportée par une de ses secrétaires, épisode tragi-comique qui caractérise si bien notre sainte : c'est l'heure de la détente, elle se fait raconter une histoire drôle, Marthe curieusement se tait, elle ne rit pas, son amie prête l'oreille, elle ne perçoit plus le moindre souffle, le temps paraît soudain s'allonger ; comme elle ne vivait que par une grâce spéciale on pouvait craindre le pire. Tout à coup une puissante inspiration et Marthe de s'exclamer : "elle me fera mourir de rire !"

Marthe aimait qu'on chante chez elle et parfois même qu'on danse. Elle réclamait les chants religieux, à la Vierge qu'elle aimait tendrement, chansons d'amour et chants profanes tirés du répertoire "réaliste" de son enfance, elle connaissait les paroles par coeur et corrigeait quand on se trompait, rien ne lui échappait pas même une strophe de "La Madelon".

"Je me souviens de petites "récréations", auprès de Marthe, d'une polka que nous avons dansée, Th. et moi, dans sa chambre... d'une chanson que nous avons demandé à Monsieur M. (qui chante très bien) de chanter à Marthe. Et un soir où nous bavardions un peu toutes les quatre, après une longue journée, il a fallu que je chante la "Madelon". Je me suis exécutée, bien simplement. Et, le lendemain, notre petite Marthe qui y avait certainement repensé, notre petite Marthe, "si exacte", de me dire (je l'entends encore) et avec délicatesse, mais fermement (même pour la Madelon !), "ma petite, hier vous vous êtes trompée. Vous avez chanté 'un Caporal en képi de fantaisie' c'est 'un Caporal en tenue de fantaisie'". Marthe aimait beaucoup certaines chansons. Quand on les connaissait aussi, on les fredonnait avec elle : "Les petits mouchoirs de Cholet" et "Le gilet de laine" de Botrel, "Les petits ballons rouges", "Le temps des cerises" qu'elle a chanté récemment avec M.H.L. Elle aimait un poème de Sully Prudhomme "Ah si vous saviez comme on pleure" et "Le cantique à la Sainte Vierge".

Marthe habitait le réel, elle aimait embrasser les gens quand c'était possible, laisser les enfants monter sur son lit et se blottir tout contre elle. Une de nos soeurs qui l'a vue trois fois, s'est trois fois entendu dire : "embrassez-moi." Ce qui reste pour elle une émotion très simple et très forte. La signification de ce baiser était sans doute spirituelle et très humaine. Elle connaissait les besoins affectifs de chacun. Elle était attentive au moindre besoin de son entourage, elle savait s'ils étaient bien assis ou non, s'ils avaient froid ; s'ils étaient malades, elle conseillait tel médecin ou tel traitement, cure de repos à la montagne ou gelée royale. Aux prisonniers elle envoyait des cigarettes, et des saucissons aux missionnaires ! La sainte Vierge sa "maman", elle qui porta le Fils de l'homme, n'est-elle pas en même temps la plus humaine des créatures et la plus surnaturelle. Comme Marthe lui ressemble, comme elle est saine, comme elle est sainte.

Enfermée dans cette petite chambre noire, on l'imagine en proie à des visions permanentes, évoluant dans un univers bien à elle. Il n'en est rien. Marthe est terrienne, elle aime tout ce monde qui vit et bruit, respire et dégage des odeurs, pour lequel unie au Christ elle meurt d'amour.

Une de ses proches témoigne de son extrême attention, de sa sensibilité à la nature :

"Marthe m'a parlé plusieurs fois d'un chien que ses parents et son frère avaient à la ferme... sa maman quelques fois le prenait dans ses bras, (donc il n'était pas très gros, ou bien c'était avant qu'il grossisse), et venait auprès du lit de Marthe : "Tu vois, elle est malade, il ne faut pas lui faire mal". Et ce chien gardait vraiment Marthe. Lorsque ses parents et son frère étaient dans les champs, aux alentours, et sûrement il y avait toujours quelqu'un pas très loin, le chien restait étendu devant la porte , et n'en bougeait plus jusqu'au retour de l'un de ses maîtres. Il ne fallait pas qu'on s'approche, il était là...

Marthe donc me racontait qu'elle attendait une fois une amie, gardée par son fidèle gardien... Son amie qui sans doute connaissait bien la maison, malgré les aboiements du chien, s'est approchée de la fenêtre, a parlé avec Marthe, qui lui a dit où était la clef, et "malgré le chien", est entrée auprès de Marthe, dans sa chambre. C'en était trop, le chien, en continuant d'aboyer est allé jusqu'au champ "chercher" Monsieur Robin, qui est arrivé tout de suite et qui a reconnu la visiteuse, l'a saluée et lui a parlé aimablement bien sûr. (On était toujours si bien accueilli à la Plaine.) Et Marthe d'ajouter : "Et notre chien, quand il a vu ça, comme s'il avait compris qu'il n'aurait pas dû aboyer, que cette dame était une amie, était tout penaud, en nous regardant."

Lorsque nous lisions le courrier avec Marthe, les poules qui venaient picorer dans la prairie, sous sa fenêtre, nous entendaient et quelquefois se mettaient à caqueter à qui mieux mieux... comme si elles voulaient être dans la conversation !... Cela nous amusait, Marthe et moi ! Et ça durait un moment !... Puis le calme revenait.

Lorsqu'on apportait les petits poussins à la Plaine, avant de les mettre sous la couveuse, Th. ou He. en prenait un, délicatement, et l'apportait auprès de Marthe... Il s'égosillait : "piou, piou, piou..." et on l'approchait de la joue de Marthe, qui aimait ainsi toucher son duvet. "Tu es doux", lui disait-elle, "sois sage... ne t'en va pas" et elle lui prodiguait des baisers.

De même pour les petits lapins, parfois Th. en apportait un et le mettait aussi contre la joue de Marthe, qui lui parlait. Et lui aussi avait droit aux baisers. Par contre Marthe a été traumatisée par les vaches qu'elle devait garder, la toute petite fille trouvait ces ruminants trop gros, trop grands pour être pris dans les bras. Les lucioles aussi lui faisaient peur, à cause de son intense photophobie, la lumière de ces petits vers la faisait souffrir et comme nous l'avons dit elle évitait les souffrances inutiles aussi ses secrétaires faisaient-elles en été la chasse à la luciole dans la petite chambre de Marthe.

Marthe aimait aussi l'odeur des fruits, mandarines, citrons, oranges, poires, etc. On lui en mettait une coupe ou un petit panier sur un meuble auprès d'elle. On lui montait les premières fraises et autres fruits récoltés au jardin du Foyer. Elle aimait sentir rapidement une grappe de glycine, un brin de muguet mais ne pouvait pas garder un bouquet de fleurs "parfumées" auprès d'elle, d'autant plus qu'on ne pouvait aérer vraiment sa chambre que la nuit. Mais il y avait toujours des fleurs et des plantes fleuries que ses nombreux amis lui offraient ne dégageant aucun parfum, et souvent même de très belles orchidées. Et souvent Marthe demandait s'il y avait encore de l'eau dans tel ou tel vase.

Marthe aimait entendre crépiter le bois dans le foyer du petit fourneau. "C'est vivant", nous disait-elle. Elle aimait entendre bouillir l'eau, et aussi le tic-tac de l'horloge... Tous ces bruits familiers qui, sans doute, lui rappelaient bien des souvenirs. Les petites bûches utilisées pour que ça chauffe plus vite s'en donnaient à coeur joie. "Ecoutez comme elles pètent !" nous disait Marthe. Puis un peu plus tard, lorsque le Père et Mr B. étaient à table, elle entendait le bruit des fourchettes, des cuillères dans les assiettes et dans les plats... et celui des conversations. De son petit lit elle ne comprenait pas et nous demandait : "Que disent-ils ?"

Il passait aussi beaucoup d'avions, dont elle entendait le bruit des moteurs par la fenêtre et les volets entr'ouverts. Elle aimait les entendre, faisait la différence entre le "ronflement de leurs moteurs", et parfois me disait "C'est le mien !" Et vite on reprenait le courrier. Elle a dû en accompagner beaucoup de sa prière."

III

Le sens de la stigmatisation

Noces de sang

Marthe, j'écoute tes silences prégnant des promesses éternelles que tu n'oses pas dire mais ton corps s'est fait cri : Tout Homme est né pour des noces fulgurantes. Le séraphin d'amour qui m'a blessé n'a qu'effleuré ma chair, le vertige d'aimer s'est ouvert dans les profondeurs insondables de mon être et son dard enflammé me consume sans cesse d'un intense bonheur et de l'intense douleur de n'être pas partagé.

Marthe, tous ces hommes qui montent à la Plaine portent en eux le Christ crucifié, il habite la tente de leur corps comme un dais nuptial et eux ne le savent pas.

Ils ne savent pas que la petite épousée git dans un bain de sang comme les innocents de Bethléem, comme le Christ flagellé et dont on a défait les liens, comme Israël chaque fois qu'il fut infidèle.

Ils ne savent pas qu'elle voudrait crier que son amour ne sera consommé que lorsque tous les hommes se tourneront vers Celui qu'ils ont transpercé. C'est pour eux que se prolonge ton agonie et que volontairement tu demeures hors de ton milieu divin comme le poisson tiré hors de l'eau. Tu ne veux jouir seule de ton Dieu, tu as faim de sa faim, soif de sa soif, ton sang, c'est son sang qui pleure en silence dans tes yeux et cette rosée sanglante qui perle à ton front c'est la couronne de perles précieuses dont ton Dieu t'a couronnée.

Et tout ce que je pressens dans la nuit de ta chambre d'amour crie : Voilà de quel grand amour le Christ nous a aimés.

La stigmatisation est un charisme qui n'implique pas forcément la sainteté absolue, irréversible de son bénéficiaire. Donner à Marthe le titre de *stigmatisée de Châteauneuf* comme le firent les journaux ou les radios à sa mort est par trop restrictif. Elle fut bien plus qu'une stigmatisée. Ce phénomène a quelque chose d'accidentel comme l'extase, la lévitation et comme la plupart des phénomènes extraordinaires de la vie mystique.

Essayons de tirer le portrait-robot d'un stigmatisé tel que le voyaient encore au début du siècle les manuels de théologie mystique.

C'est avant tout un extatique qui contemple les scènes de la Passion pour laquelle il éprouve un irrésistible attrait. C'est quelqu'un de malade, chez qui tout se dérègle sur le plan physique comme sur le plan mental pour subir une transformation physiologique et psychique qui le conduira à des longues périodes de jeûne total, à des veilles prolongées, à des états de conscience "supérieurs". Il reçoit des visites du ciel, des saints, souvent de la Vierge, des anges qui parfois le servent et accomplissent pour lui des travaux divers. Le démon se déchaîne et tourmente, obsède voire possède le stigmatisé. Des dons comme la hiérognosie ou reconnaissance des objets et personnes consacrés, la cardiognosie ou lecture dans les coeurs des pensées ou des péchés accompagnent souvent cet état.

Mais force est de reconnaître que si Marthe s'inscrit dans une famille de stigmatisés, ceux du XIXème siècle et du début du XXème, elle est unique et il n'y a pas un seul de ces amis blessés de l'Epoux qui soit la copie conforme de l'autre.

L'âge de la stigmatisation varie de sept à soixante dix-sept ans, de même la localisation des plaies varie ainsi que leur forme, leur profondeur, les moments où elles apparaissent et disparaissent, etc., ainsi que, il faut le dire, le degré de sainteté et le rayonnement spirituel du bénéficiaire.

Marthe est unique. Si elle bat tous les records dans l'histoire pourtant si riche de la stigmatisation, elle a su avec la complicité des anges rester cachée. Ce miracle doit être souligné, on ne l'a pas assez fait. Les témoignages le montrent, il y avait des fuites et la soif sauvage de merveilleux habite nos contemporains comme aux temps jadis où les saints n'étaient pas encore tout à fait morts qu'on les découpait en petits morceaux. Non, Marthe était cachée dans le coeur de Dieu.

Lors de ses obsèques, le père Daniel-Ange contemplait comme moi avec beaucoup d'émotion et même de stupeur le petit cercueil qui fendait une foule recueillie : "Tu te rends compte que c'est sa première sortie depuis cinquante ans." Je ne pus m'empêcher de sourire, d'éprouver un certain bonheur, d'être fier d'un Dieu qui investit tant dans une petite fille, une humble paysanne. Elle a tenu le coup par amour de son Amour. La Force divine une fois de plus s'est accomplie dans la faiblesse. Le miracle des miracles ? Que Marthe ne soit pas devenue folle. Quel être suprêmement équilibré pourrait tenir cinquante ans dans le noir, dans une toute petite pièce. Sans dormir ! Quand on songe qu'il suffit de quelques jours d'insomnie totale pour voir apparaître des phénomènes hallucinatoires !

Pourtant, Marthe est passée par une étrange maladie dont les épisodes se situent entre 1921 et 1929. Deux années entières elle sera plongée dans un coma semblable à celui de Thérèse d'Avila ; sur le plan pathologique les points de comparaison avec la Madre sont nombreux. Comme elle, elle sera frappée dans les profondeurs, dans les fondements de son être, visitée par le feu divin jusqu'à la jointure des moëlles, on parlera de grippe espagnole et de ses séquelles ou d'autres pathologies. Dieu se sert souvent de maladies naturelles comme d'une première approche pour fondre sur sa victime, pour venir régner sur les moindres cellules de son corps, de son sang.

On a parlé et reparlera encore longtemps de la tarte à la crème favorite de l'athéisme scientifique : l'hystérie. Pendant cette phase critique Marthe manifestera un certain nombre de symptômes qui peuvent faire penser à l'hystérie : contracture des membres, chutes où la personne ne se blesse pas, cécité, exacerbation sensorielle, son coma peut faire penser à la léthargie hystérique. Maladie épileptoïde... un des médecins de la région avait conclu à l'épilepsie mais il faut bien constater que Marthe lors de ses crises ne se mordait pas la langue, ni n'écumait. Mais sortons des symptômes qui servent de référence unique aux scientifiques de bonne ou mauvaise volonté, la personnalité de Marthe se situe aux antipodes de l'hystérie : effacement, personnalité forte, altruisme hors du commun, humour et bon sens, égalité d'humeur, intelligence brillante... alors que l'hystérique est souvent un être frustre, m'as-tu-vu, clownesque dans ses crises, comédien, inconstant, en proie à des pulsions obscènes, il n'a qu'un mot à la bouche "moi, je" alors que Marthe ne disait pratiquement jamais "je" si ce n'est avec ses plus proches. Avec les visiteurs auprès desquels elle aurait pu être tentée de briller, elle réussissait le tour de force de ne pas parler d'elle-même, de ne rien dire, à moins que des prêtres ou théologiens l'interrogent, son obéissance depuis sa tendre enfance était exemplaire. Même dans ses lettres elle disait : "on" priera, "on" va prier pour vous. Quand c'était le père Finet qui répondait pour elle, il écrivait sobrement les initiales de Marthe M.R.

L'hypothèse hystérique étant écartée on ne pourrait pas affirmer que Marthe n'a pas connu des périodes de "flou" au niveau de sa personnalité si remarquable. Dieu l'a forgée, elle est donc passée surtout au cours de la période que nous avons évoquée mais sans doute plus longuement, par des moments de remaniement de la personnalité, des purgatoires terribles, des immersions en enfer, des moments où, comme le dit un de ses biographes en évoquant Job, carte blanche était donnée au démon.

C'est au sortir des deux ans de "coma" que Marthe verra pour la première fois la Sainte Vierge, mais c'est au sortir d'une autre étape de paralysie qu'elle rencontrera le démon, qu'elle le connaîtra de l'intérieur. L'Amour a un tropisme pour l'enfer. Les récits édifiants nous montrent des saints qui connaissent parfaitement la frontière entre la vision et l'illusion, entre la véritable lumière cachée dans la ténèbre et les ténèbres déguisées en lumière. Un grand saint comme Vincent Ferrier fut convaincu qu'il était un des deux témoins de l'Apocalypse et le prouva en... ressuscitant un mort ! Marthe m'a dit un jour cette phrase terrible, elle me donna ce conseil qui me fait trembler et qui suppose chez elle une familiarité avec les puissances infernales : "Si vous dites non au démon et qu'il arrive ensuite à vous faire dire oui, c'est votre non qui compte aux yeux de Dieu".

Il y a dans la vie de Marthe des phases que nous ne pourrons jamais expliquer car le scandale de la Croix reste un mystère, pas plus que nous ne pourrons jamais comprendre ce qui s'est passé physiologiquement, biologiquement.

La plupart des phénomènes mystiques sont connus dans les religions non-chrétiennes. Je suis convaincu que les limites de l'humain sont mal connues, que les capacités psychiques sont loin d'avoir été explorées et que la psychanalyse est un arbre qui cache la forêt, une approche du mental qui en occulte bien d'autres. On trouve le jeûne prolongé chez certains yogi, ainsi que la lévitation ; l'extase peut être provoquée techniquement, j'ai rencontré un kabbaliste qui lisait dans les pensées, un théologien m'a rapporté la même chose de Rudolf Steiner dont la doctrine est des plus dangereuses, je connais également des chrétiens qui se sont détournés de la vraie foi parce qu'ils ont vu des mystiques musulmans marcher sur l'eau et dans le feu. Le démon est certes habile dans les tours de passe-passe mais ne lui attribuons pas ce qui revient à l'activité humaine, même guidée par le péché. L'hindouisme refuse le fakirisme. Après avoir répertorié les siddhi ou pouvoirs extraordinaires qui accompagnent la réalisation de l'homme en Dieu, il enseigne qu'il faut y renoncer sous peine de se perdre.

Dans le christianisme, ce genre de phénomènes ne sont pas recherchés en tant que tels même s'ils peuvent procurer du bien, aucun stigmatisé n'a un jour décidé de le devenir afin d'édifier le prochain alors que les charismes et dons du Saint-Esprit font l'objet de prières de demande instantes. *Veni sancte spiritus !* Viens Esprit Saint !

La terrible étreinte de Dieu

On pourrait croire que l'ascèse chrétienne produit certains états, que les charismes des Pères du désert étaient le fruit de leurs effrayantes macérations et mortifications. Un saint François s'est montré impitoyable envers son corps, il passait des nuits entières en oraison. L'exacerbation de certaines facultés mentales dans un corps débile et sous-alimenté ne peut-elle produire des images oniriques ? Nous serions tenté de répondre humainement et non selon la sagesse divine et voir un jeu de cause à effet. Cependant les périodes de réveil où Dieu se communique avec prodigalité nous sont données pour battre en brèche notre incrédulité congénitale de fils d'Adam. Une Marie de l'Incarnation assiste à la Messe et au moment où le prêtre dit : *sursum corda* (élevons notre coeur), elle n'a pas le temps de répondre *habemus ad dominum* (nous le tournons vers le Seigneur), son coeur est déjà ravi en Dieu. Elle ne saura que quelques années plus tard ce qui lui arrive. Son corps par manque de préparation est bien entendu troublé par ces ravissements et elle vit les pires angoisses de sombrer dans la luxure spirituelle ou dans l'illusion démoniaque. Son étonnement prouve assez bien que chez les mystiques chrétiens l'amour est toujours premier, la grâce devance l'ascèse qui constitue bien plus une preuve de bonne volonté qu'un moyen efficace de s'élever à Dieu et de s'améliorer notoirement. Notons que dans les mystiques naturelles ou dans le fakirisme, l'acquisition d'un seul pouvoir requiert une concentration de toutes les forces, une tension jusqu'à la limite de la rupture. Rien de tel chez aucun mystique chrétien dont un grand nombre furent comblés avec une étonnante surabondance de dons, de charismes, de grâces, etc. Notre Dieu ne s'achète pas.

Marthe n'a jamais pratiqué l'ascèse. L'amour est premier chez elle parce que l'amour l'a aimée le premier, parce que Dieu l'a choisie et l'a attirée à lui d'abord avec beaucoup de douceur puis avec une violence à laquelle elle acquiesca.

Son milieu n'était pas particulièrement pieux. Marthe n'est pas bigote mais elle est attirée par la prière, par un coeur à coeur que personne ne lui a enseigné et dont elle essaye de trouver une expression juste dans le missel de son grand-père. Insensiblement elle va glisser en Dieu. Mais elle n'est pas l'Immaculée Conception, la loi du péché agit en elle et Dieu décide de se livrer à une guerre sans pitié, une terrible étreinte de l'amour. La profondeur, la durée de ces épreuves sont liées à la mission exceptionnelle de Marthe qui fait d'elle une des plus grandes saintes de tous les temps. Nous ne devons pas craindre l'épreuve car elle est la rencontre de deux désirs, de deux amours et nous ne pouvons pas être éprouvés au-delà de nos forces ou plus justement au-delà des forces que nous *permettons* à Dieu de nous donner. Voilà le secret de Marthe : une petite fille qui accepte *tout* ce que son Seigneur lui propose. C'est simple mais ça peut nous conduire très loin et comme nous rejoignons Guitton lorsqu'il dit :

"Marthe représente ce que doit être l'humanité dans les temps futurs : le modèle évangélique qu'a donné Marthe d'un être doux, d'un être abandonné, d'un être bon, d'un être épris d'éternel amour et d'unité, enfin ce **modèle de l'être mystique de l'avenir** elle en a posé la première pierre."

Tous n'iront pas si loin dans leur ressemblance à Jésus et Marie, dans leur obéissance à la volonté du Père, dans leur oui, mais Marthe est la première-née d'une nouvelle génération, de l'être de la miséricorde. Tout baptisé porte en lui le Christ crucifié, bien plus, a été crucifié avec le Christ ; tout baptisé est potentiellement le lieu de l'avènement du Christ-Roi.

Marthe n'aimait pas le catéchisme qu'on lui apprenait parce que sa ligne directrice n'était pas l'amour, parce qu'il ne reflétait pas la seule connaissance véritable qui est amoureuse. Tout est grâce et amour chez elle. Elle ne voulait pas souffrir pour rien, elle voulait souffrir par amour. A propos du jeûne elle disait : "j'aimerais bien manger comme tout le monde, d'ailleurs autrefois j'avais bon appétit".

Le message de Marthe est destiné à une génération privilégiée, à une génération de pauvres, incapables d'ascèse mais assoiffés d'amour à en mourir.

Le temps est venu où la troisième partie de la parabole des invités aux noces va se réaliser. Dans les temps qui sont les derniers, nous voyons que la salle des noces demeure vide, car tant qu'il manque un invité il ne saurait être question de plénitude. Dieu envoie ses messagers pour forcer les pauvres qu'ils trouveront à entrer dans la salle du banquet. Nous reviendrons sur ce point en parlant des saints des derniers temps, des saints malgré eux, des saints malgré le monde, des saints malgré tout.

Marthe cachait-elle ses stigmates ?

Son attitude de totale discrétion nous amène à nous poser la question. Il y a chez elle une familiarité avec le monde de la Passion. Elle a reconnu la visite du séraphin qui lui a permis à la suite du Pauvre d'Assise d'aimer - autant qu'il est possible à une fille d'Eve - comme Jésus nous a aimés et de souffrir comme il a souffert pour nous. Marthe à l'instar de François rend grâce pour le feu qui consume la petite victime d'amour. Mais en même temps elle partage la gêne d'un certain nombre de stigmatisés, son corps, son âme sont le théâtre d'un drame qui la dépasse. Marthe ne parlait pas de ses stigmates et quand elle put le faire avec le docteur Ricard en qui elle avait une confiance absolue, elle se sentit soulagée. En effet Marthe est vaincue par l'amour, terrassée par l'ange. Le secret de l'humilité véritable, de la petitesse thérésienne, c'est d'être dépassé par Dieu. Elle voit l'enfer de son humanité jusqu'au vertige mortel en même temps qu'elle se sent, qu'elle se sait étreinte par Dieu lui-même.

Nous sommes au coeur de l'expérience mystique. Marthe s'étonne de ses stigmates. A l'une de ses plus proches, quelques jours avant sa mort, elle répètera cette phrase qui nous bouleverse : "j'ai le tétanos". Nous ne pensons pas qu'il s'agisse là d'une manifestation de la nuit de l'esprit où l'homme perd la vision de sa vocation divine et ne voit plus les épiphénomènes du feu qui l'habite qu'en termes de pathologie. Quelle réaction aurait un chrétien "moyen" - ce qui est une contradiction dans les termes, mais ça existe et il me semble souvent que j'en fais partie - si Jésus lui proposait d'être stigmatisé ? Nous pouvons imaginer qu'il protesterait énergiquement. Marthe nous montre en fait non pas une voie extraordinaire mais la voie commune. *Il n'y a pas de rédemption sans effusion de sang* (He 9, 22). Pas de corédemption non plus, pas d'appartenance au corps mystique sans nuptialité, or le Christ est un époux de sang. Celui qui accomplit la Loi ne va pas abolir la circoncision ni en faire une abstraction, il l'accomplira par une autre circoncision, celle du coeur et ce n'est pas une image. Le christianisme primitif est fortement "marqué" par le baptême du sang indissociable du baptême d'eau et de feu. La terminologie mystique fait irruption dès que la persécution cesse. En fait il n'y aura jamais de christianisme sans le martyre d'amour, sans cette circoncision du coeur, sans noces sanglantes. L'histoire du catholicisme nous montre que des courants récents essayent de faire de la bonne nouvelle une spiritualité, mais les non-chrétiens comme Gandhi nous renvoient à la religion de l'extrême amour, à celle des martyrs du corps et du coeur. Les Pères disaient "donne ton sang et reçois l'Esprit". Ce n'est pas aujourd'hui que cela va changer.

Pourtant quelque chose change aujourd'hui avec l'être de la miséricorde : nous sommes trop pauvres pour accepter d'autres voies que celles de l'Evangile intégral, non frelaté. Notre génération est terriblement impressionnable, il lui reste le choix de son impression : la marque de la bête ou les stigmates du Christ !

Les deux mots se trouvent dans le Nouveau Testament : marque d'appartenance et stigmates.

L'Apocalypse nous dit que viendra un jour où l'on ne pourra plus acheter ni vendre sans être marqué du chiffre de la bête. Je suis frappé de constater qu'aussi bien dans certains monastères fervents qui accueillent des vocations pauvres que dans le "siècle" il se trouve des hommes et des femmes de plus en plus nombreux et cachés qui vivent un transpercement visible ou invisible du coeur. Le fait m'a été confirmé encore récemment par un évêque directeur d'âmes. Le coup de lance a été donné après la mort de Jésus. C'est donc Marie Mère de l'Eglise qui en a éprouvé la douleur physique dans son coeur. La plaie du coeur est éprouvée d'une manière nocturne, cachée, au moment de l'abandon de tous ; cette nuit que nous vivons aujourd'hui au moment où les théologiens proclament la mort de Dieu. Douloureuse joie qui nous fait dire dans un dénuement extrême, dans une désappropriation de ce que nous vivons : *j'achève en mon corps les souffrances du Christ pour son corps qui est l'Eglise.*

Car un temps viendra où les hommes ne supporteront plus la saine doctrine, mais au contraire, au gré de leurs passions et l'oreille les démangeant, ils se donneront des maîtres en quantité et détourneront l'oreille de la vérité pour se tourner vers les fables (2 Ti 4, 3-4).

La fable hystérique

J'attends qu'un psychiatre chrétien écrive : "Pour en finir avec l'hystérie", comme Régine Pernoud nous a donné son libérateur : "Pour en finir avec le Moyen-Age". En écrivant ces lignes je reçois l'étude de Gonzague Mottet, étude qui m'afflige pour Marthe, pour les Foyers : l'hypothèse hystérique est présentée comme une évidence incontournable. Cette grille de lecture plaquée sur Marthe, voilà son message encagé. Le "cas" de Marthe pose à l'Eglise un choix décisif pour son devenir : voulons-nous un christianisme cent pour cent compatible avec l'esprit du monde ou une bonne nouvelle qui est folie, un scandale pour les sages et les intelligents où les prostituées devancent les vertueux dans l'ordre des valeurs, où les malades mentaux et les avortons brillent comme des étoiles dans le ciel de l'amour miséricordieux. Si les stigmatisés sont de vivants crucifix nous rappelant le scandale de la croix, les mystiques - tous invisiblement stigmatisés - nous interrogent génération après génération sur notre foi en l'authenticité du témoignage des évangélistes.

Personnellement j'ai étudié Bultman et la critique moderne, je suis un familier de la vivisection des Ecritures et je sais qu'en dernier ressort notre adhésion au Christ est une affaire de foi et non de démonstration. J'ai connu des professeurs de théologie qui enseignaient le contraire de ce qu'ils vivaient profondément. La foi n'est pas transmissible ; le doute, lui, est éminemment contagieux. Les réalités mystiques ne se comprennent que de l'intérieur : la résurrection de la chair, la participation à la vie trinitaire, la lutte avec les puissances rebelles, la tentation. Or voilà que les examinateurs de l'éléphant parlant de l'extérieur, exilés hors de leur propos selon l'expression de Michel de Certeau qui nous a conté une bien jolie fable*, voilà qu'au nom de leur incompétence

* *La fable mystique, 1 XVIe - XVIIe,* Michel Certeau, Gallimard, 1987.

et de leur cécité ils nous présentent l'hystérie comme le secret ressort de toute intériorité !

Au XVIème siècle la mélancolie, aujourd'hui l'hystérie, fable de femmes... "Mais c'est écrit dans l'Evangile", j'entends Marthe s'indigner de notre manque de bon sens. Et nos "psy" de s'inventer la fable que nous allons gober en plongeant nos museaux de renards (c'est aussi dans les Ecritures) dans le vase au col effilé d'une prétendue rationalité qui déraisonne avec autant d'esthétisme qu'un tableau de Bosch. Cette fable c'est l'encéphalite de Marthe qui lui décompose le cerveau et notre petite maligne de faire plus fort que tout le monde en se reconstruisant une personnalité hors du commun. Messieurs je croirai à vos fables quand à l'aide de l'hypnose ou de toute autre technique d'auto-guérison vous transformerez les hôpitaux psychiatriques en réservoirs de bienfaiteurs de l'humanité et de génies de christianisme.

IV

La portée du message de Marthe

Dans cette interview de Marcel Clément pour faciliter la lecture nous avons supprimé les questions mais nous avons conservé le style parlé qui garde bien vivants les entretiens avec Marthe.

Comme je remercie Marcel Clément pour son humilité d'intellectuel qui comme le renard s'est laissé apprivoiser par le Petit Prince. Marthe avait quelque chose du Petit Prince - plus que de Socrate - dans l'art de poser les questions. Marcel Clément universitaire, journaliste, s'est trouvé devant la divine simplicité de l'enfance spirituelle, découvrant Jésus-Enfant, Jésus Kurios, Jésus Pantocrator et Jésus agonisant tout à la fois, présent dans Marthe sa petite épouse. La simplicité ne s'invente pas, elle est la pierre de touche de la sainteté. Les simulateurs sont des gens extrêmement compliqués, de même que les malades qu'ils soient border-line ou délirant et dont la souffrance et l'existence doit forcer notre respect et notre admiration.

Au nom de l'amour que je porte à Marthe je tiens à témoigner ma reconnaissance à Monsieur Clément pour les deux titres, magnifiques synthèses qu'il confère à la petite fille de la Plaine :
- l'être le plus complet qu'on puisse concevoir ;
- mère du laïcat.

"L'être le plus complet", en effet Marthe était unifiée car dans son immense pauvreté selon l'Esprit, elle possédait le Royaume, elle était simple et sans faille comme Dieu lui-même, elle était souple et chaude, douce et forte, gémissante et exultante comme l'Esprit, elle était l'image parfaite du Fils, foyer d'Amour, Coeur transpercé agonisant, saturé d'injures, broyé, elle était tout cela et en même temps elle était une comme la Trinité qui habitait dans le Temple blessé de son âme. Encore une fois elle est insaisissable pour ceux qui veulent attraper le vent, retenir l'Esprit prisonnier le temps d'un examen sérieux. Marthe était complète parce qu'un Jean Guitton est persuadé qu'elle passait son temps à penser, parce que chacun selon ses préoccupations professionnelles ou métaphysiques se trouvait rejoint, elle s'était faite toute à tous. Jean Guitton en témoigne en ces termes : 'Je me rappelle qu'un jour, nous parlions philosophie ensemble, parce qu'avec les paysans elle parlait des veaux et des vaches, avec les évêques elle parlait de l'état de l'Eglise, avec les politiques elle parlait de la ligne Maginot, mais avec moi elle parlait de philosophie, elle m'interrogeait sur Sartre, sur Merleau-Ponty, sur les philosophes de ce temps, alors elle me disait vous savez l'an dernier j'étais dans les écrits mais maintenant je plonge dans l'essence, ce sont les mots du langage philosophique, qui voulait dire qu'elle s'occupait des attributs de Dieu, l'éternité, la beauté, la bonté dans la simplicité mais maintenant elle allait au-delà des attributs dans ce je ne sais quoi d'infini et d'innommable qu'on appelle l'essence divine."

Dieu est relation, il a fait de sa petite victime un être de relation, elle vous connaissait, elle pénétrait votre coeur et doucement elle vous enfantait à la véritable liberté des enfants de Dieu. Elle prenait parfois le temps quand elle savait qu'elle avait le temps afin de ne pas vous blesser. Aussi le témoignage de cette relation avec Marcel Clément est-il précieux puisque qu'il couvre plusieurs décennies.

Quant à "mère du laïcat" nous y reviendrons plus tard, nous traiterons cette question à part car elle touche à la mission et au message de Marthe.

"Ce que je peux dire sur la personne de Marthe, ce jugement n'a point vacillé depuis que je l'ai rencontrée la première fois le 14 mai 1946. J'ai dû la voir pour la dernière fois quelques mois avant sa mort, et entre les deux j'ai dû la voir un peu plus de cent fois, et souvent longtemps (je veux dire jusqu'à trois heures). Ayant été très près de Châteauneuf géographiquement puisque pendant des années j'étais à Belmont-Monteu dans la Drôme un peu au sud et à partir de 60, un peu au nord au château d'Anjou, mais Anjou qui est à trente kms de Châteauneuf, et j'avais mes enfants qui étaient soit à Saint-Bonnet soit à Châteauneuf. J'avais donc beaucoup d'occasions d'y aller, et en plus les liens...

Je risque de répéter beaucoup des choses que le père Finet disait. Elle était d'abord la parfaite simplicité, il n'y avait jamais (et c'est très rare chez les êtres humains) que son âme et jamais sa personne au sens d'un personnage, elle était quand elle pouvait l'être, telle dans son âme que dans sa voix ; Montaigne disait, tel sur le papier qu'à la bouche. Dans sa tendresse et ses sanglots, dans son rire et son humour, elle était l'être le plus complet qu'on puisse concevoir. C'était la transparence d'une nature humaine parfaite. Ce que je peux dire d'essentiel sur elle, je n'ai pas un don pour lire la sainteté, je dirai presque que la sainteté ça se juge aux fruits, alors là d'autres que moi pourront en dire beaucoup. Mais là où on la percevait, c'était dans sa simplicité. La première fois que je suis allé la voir, j'allais voir la "sainte", j'avais vingt-sept ans et je n'avais pas beaucoup fréquenté les saints, je dis cela parce que depuis j'en ai rencontré d'autres, Pie XII, Padre Pio, le Père Mateo, mais là vraiment c'était la première fois, je ne savais pas comment me trouver. On m'a dit : "entrez, asseyez-vous, ne faites pas de bruit, arrangez-vous pour ne pas cogner son lit, vous dites votre nom, et vous ne restez que dix minutes, quand on frappe à la porte, vous partez tout de suite". J'étais prêt à obéir à tout cela. Et je suis entré, à tâtons je me suis assis, et je m'apprêtais à décliner mes nom, prénom, sinon des qualités au moins quelques défauts. Et avant que j'aie ouvert la bouche j'entends une voix qui sort de l'oreiller que je voyais très mal. "D'où sortez-vous ?" dit-elle. Alors je cherche d'où je sortais, je dis : "du Foyer". "Ah oui ! La Sainte Vierge vous a fait un bon tour, elle vous a amené le premier jour d'une retraite sans que vous vous en doutiez" - "Ah ! C'est certain, je suis venu parce qu'on ne m'avait pas répondu ..." et sans transition elle me dit "vous avez vu mes chèvres en montant" je n'étais plus très sûr s'il y avait eu des chèvres et je dis "oui, probablement, oui peut-être", elle dit "oui, vous savez j'ai été obligée de faire venir le vétérinaire, je ne sais pas ce qu'elles ont mangé mais je crois que c'est le foie" et j'étais vraiment douloureux de penser que le foie des chèvres de Marthe - je n'étais pas vraiment venu pour cela - mais que le foie des chèvres de Marthe était en mauvais état et presque sans interruption elle reprend : "c'est comme le Père, en ce moment c'est le foie qui ne va pas". Sans préavis spécial j'ai compris qu'il s'agissait du père Finet. Dans mon esprit j'alignais le Père, les chèvres, j'ai dit "ah ! le Père aussi a le foie malade" elle dit "oui, et puis vous savez ce n'est pas étonnant avec la vie qu'il mène" et puis la voilà qui parle du Père et puis je ne me rappelle pas les autres étapes et puis on s'est retrouvé à moi, "alors que faites-vous ? Où en êtes-vous ?" Alors ça s'est mis à cogner (à la porte). Alors je lui dis : "Mademoiselle, il faut que je m'en aille" elle me dit "non, non, enfin oui, mais alors actuellement vous êtes où ?" Alors la fin de l'histoire c'est trois ans plus tard, je la connaissais davantage, je lui dis "vous savez Marthe la première fois que je suis venu et que vous m'avez parlé du foie de vos chèvres et du foie du Père..." elle dit "oh ! mais vous vous rendez pas compte quand vous êtes entré vous étiez un vrai saint dans sa niche fallait bien qu'on vous simplifie un peu".

Voilà pourquoi je dis, la simplicité, elle la faisait passer comme Jésus d'ailleurs dans sa présence au quotidien immédiat. Par la présence à l'autre : "comment va votre maman ?" Présente à chacune des petites choses de la vie quotidienne, elle faisait comprendre, d'ailleurs comme les mystiques, que le détail est aussi important que les grandes idées. C'est la simplicité au sens où Dieu est simple : pas une certaine modestie bien élevée, non ! mais unifiée dans la plénitude et dans la perfection de son être, tout en étant d'une prudence naturelle et surnaturelle parfaite et d'une grande simplicité, or les deux choses sont très difficiles à concilier.

Une fois, Marthe m'a raconté qu'elle avait reçu quelqu'un qui lui disait "Marthe vous voyez la Sainte Vierge, qu'est-ce qu'elle vous dit ?" et elle me disait "et alors vous savez, je ne comprenais rien, mais je ne comprenais rien, mais j'étais bête, mais j'étais bête, oh je crois qu'elle est partie très déçue." Elle avait la prudence. Je ne dis pas qu'elle savait qui elle avait en face d'elle d'une façon intégrale, comme par révélation, mais elle avait certainement une intuition féminine que n'altéraient ni la vanité, ni la coquetterie et quand une femme a de l'intuition sans vanité, ni coquetterie, son intuition est parfaite.

Un curé d'une très grosse paroisse redescendait de chez Marthe un jour que j'y montais, je lui ai dit "vous êtes content cher Père de votre visite à Marthe ?" "Ah vous savez, elle est étonnante, eh bien vous savez je suis quand même le curé de telle cathédrale, et c'est très lourd vous savez, mais c'est pas seulement que c'est lourd mais c'est que je me sens profondément indigne d'une telle charge parce que voyez-vous c'est quand même une des cathédrales les plus... et je l'ai dit à Marthe, je le lui ai dit sans hésiter, je ne me sens pas assez saint pour avoir une telle responsabilité, et savez-vous ce qu'elle m'a répondu ? Elle m'a dit mais mon Père on ne confie pas une cathédrale à un prêtre parce qu'il est saint, on la lui confie pour qu'il se sanctifie."

Il y a le mot de Marthe au père Garrigou-Lagrange, cela s'est passé pendant l'occupation allemande et on commençait à parler de Marthe à Rome. Je dois dire que moi chaque fois que je suis allé voir le cardinal Otaviani, c'est-à-dire assez souvent, il me demandait des nouvelles de Marthe, pas seulement lui d'ailleurs, Pie XII bien plus encore. Mais sous l'occupation on commençait à en parler comme d'un problème, et je ne sais pas qui avait dit au père Garrigou puisque vous allez en France, passez donc par Châteauneuf sans le faire exprès et tâchez de la voir. Il est reçu admirablement par le père Finet qui lui propose de voir Marthe. Ils montent à la Plaine et ils entrent chez Marthe et le père Finet laisse le père Garrigou seul avec Marthe. Et le père Garrigou après avoir échangé quelques phrases comme des balles de tennis, (Marthe les renvoyait très bien) le Père lui demande : "Mademoiselle, vous savez nous autres les théologiens nous sommes des gens qui discutons énormément sur des problèmes très aigus et très délicats et je voudrais vous en dire un parce que cela reste pour moi un problème. Nous nous demandons actuellement à Rome si la Sainte Vierge est plus grande dans son Immaculée Conception, c'est en effet un privilège prodigieux dans l'histoire de l'humanité que se renouvelle cet état d'avant la chute originelle, malgré l'hérédité. C'est un miracle absolu, c'est la nature humaine qui est restaurée et", dit-il, "d'un autre côté elle est théotokos, elle est la mère de Dieu et à Rome nous discutons beaucoup pour savoir si elle est plus grande dans son Immaculée Conception, ou dans sa maternité divine". Petit silence et Marthe "mais mon Père, si elle est immaculée dans sa conception c'est en vue de sa maternité divine."

La finalité était presque toujours l'ordre naturel de l'intelligence de Marthe. Non pas qu'il faille considérer, cela va de soi, l'Immaculée comme un moyen, néanmoins elle est ordonnée à la maternité divine, donc la Sainte Vierge est plus grande dans sa maternité divine. Et le père Garrigou-Lagrange en partant se disait "nous sommes des imbéciles, nous sommes des imbéciles, comment n'y avons-nous pas pensé".

Un jour alors que je lui demandais ce que je devais faire (on m'avait proposé d'entrer dans un mouvement excellent sous tous rapports, j'étais à ce moment-là professeur au Canada, et c'était une de mes amies qui en était responsable de Halifax à Vancouver et elle me pressait beaucoup. Je n'arrivais pas à voir ce que je devais faire) me disant Marthe passera un coup de téléphone à la

Sainte Vierge, elle lui répondra, et Marthe me donnera la réponse et j'obéirai. Je demande à Marthe son avis après lui avoir exposé la question avec tous les détails et l'insistance de mon amie, qu'elle connaissait bien. Et Marthe de me dire tout simplement : "Est-ce que vous auriez le temps Monsieur ?" Je réfléchis et naturellement je réponds "Bien non !" - "Bien alors !"

Je lui avais envoyé une de mes amies canadienne qui écrivait des romans, je dois dire c'était une personne très connue, et puis qui avait fait une conversion trois ans auparavant. Finalement à force d'entendre parler de Marthe en traversant l'Atlantique, elle est venue, elle avait la trentaine passée, et Marthe avec une délicatesse et une dextérité lui dit "mais vous avez trois ans, conduisez-vous en enfant de trois ans."

Sur quelque trente ans d'amitié, son souci était de me répondre de moins en moins. J'ai compris plus tard d'ailleurs. Elle disait, ah, on va bien prier, on va bien prier, je sortais fort mal content . Et puis je me rappelle encore les dernières fois où je l'ai vue, j'étais un homme méthodique, je préparais sur un petit papier les sujets. Et l'avant avant-dernière fois que je l'ai vue, j'étais venu avec un vrai barda de problèmes. J'en avais encore beaucoup à l'époque. Et elle ne m'a pas laissé en aborder un seul.

Elle m'a parlé de quelqu'un qui était une amie commune. Elle m'a dit vous savez c'est une femme admirable elle a tellement souffert, et ses enfants. Et je me disais toujours il faudrait que je passe au n°1 de mon papier, alors Marthe revenait et me disait vous savez, elle est comme ceci et comme cela, et je ressortais dans mon esprit le n°1 de mon papier. Je crois qu'on est resté une heure et demi ensemble et je n'ai pas pu sortir le n°1 de mon papier. Elle m'a parlé du seul problème qui apparemment l'occupait. J'avais gardé mon papier, alors plus tard j'ai compris, elle a mis quelques dizaines d'années à m'apprendre que l'Esprit Saint pouvait s'occuper de moi sans passer par elle, mais ce que c'est long avec un homme pour qu'il comprenne cela, les femmes je ne sais pas.

Et c'est pourquoi je vous dis tout son travail a consisté avec moi, à ce que j'aïe de moins en moins besoin d'elle, et d'ailleurs avec nos enfants c'est un peu comme cela que l'on fait. Beaucoup trop de gens sont allés voir Marthe pour avoir des réponses et des solutions, il est arrivé que Marthe les donnât, et dans certains cas à son école nous ferions comme elle mais ce n'est pas cela qu'elle désirait faire, elle désirait nous apprendre à vivre en union avec l'Esprit Saint et à savoir l'écouter. La méthode de Marthe était la suivante, elle commençait par poser beaucoup de questions "Ah oui mais alors qu'est-ce qui arriverait si ? Est-ce que vous avez pensé que votre mère cela ? Mais est-ce que étant donné que vous êtes au Canada et en France vous pourriez les voir ? à quel rythme ? et quand elle nous avait appris à faire un tableau complètement détaillé avec une sorte d'inspiration parfaitement humaine et humainement parfaite pour savoir quelle question il fallait se poser, on trouvait tout seul la réponse. Elle nous a appris, non pas à écouter ses réponses, d'ailleurs c'est un défaut humain, on bondit aux conclusions alors que la seule chose qui compte, c'est de savoir réfléchir. "La raison c'est le plus grand don que Dieu ait fait à l'homme" disait Léon XIII et l'homme voudrait au nom de je ne sais quelle mystique la réponse toute cuite, mais la raison aussi fait partie de la sainteté. Si Marthe avait la sagesse de la Croix qui nous dépasse, elle avait aussi cette sagesse d'être raisonnable. Marthe avait le bon sens de Jésus et elle l'avait tout entier. J'ai assisté deux fois à sa Passion le vendredi après-midi pendant vingt minutes environ, à genou au pied de son lit avec le père Finet ; au bout de vingt ans... J'ai vu, elle était toute blanche, gémissant selon un rythme qui était à peu près celui du coeur avec des cris tantôt plus haut, tantôt plus faibles, et depuis le coin des yeux descendant le long de la ride des joues en direction de la gorge - elle était couchée - deux lignes de sang mêlé à un liquide aqueux, aqueux un petit peu plus que aqueux, un petit peu grumeleux, car il restait mélangé au sang. Et le père Finet avec une lampe électrique qu'il remontait avec un pouce, éclairait son corps. Les deux fois où je suis monté avec lui, c'était lui qui me l'avait proposé, je n'aurais non seulement jamais demandé mais jamais désiré, ça me faisait peur, je l'aimais trop pour la voir souffrir, c'est dur de voir souffrir ceux qu'on aime mais les deux fois c'est le Père qui me l'a proposé j'ai pensé que ça venait du Seigneur, j'ai dit oui bien sûr. On était à genoux, on était en face du mystère absolu, et ce n'est qu'en partant que le Père m'a dit tenez, voulez-vous voir le visage de Marthe. Autant j'avais fermé les yeux pendant les minutes où on avait prié au pied de son lit, autant là je les ai ouverts en me disant tu es en face du miracle le plus total que Dieu te permette de voir. Et comme le plus souvent, et en tous cas ces deux fois-là, je l'avais vue la veille, joyeuse, amusante, humoristique et le lendemain voici que c'étaient nos péchés et le pire de tous, l'orgueil qui passait dans ses muscles, et dans ses veines et dans ses gémissements. Après cela, l'intelligence était comme impuissante à sortir quoi que ce soit, on était muet et on se taisait dans l'auto du père Finet jusqu'à ce qu'on se retrouve dans la chapelle du Foyer et qu'on dise au Seigneur, merci peut-être et en tous cas, ah ! ah ! ah ! Quand l'intelligence s'arrête il vaut mieux que la parole s'arrête aussi.

Elle parlait de sa passion de façon indirecte. Un jour que je voulais la quitter sentant sa fatigue, j'ai dit "Marthe il faut peut-être que je vous quitte vous devez être fatiguée", voici sa réponse : "mais vous savez je suis toujours fatiguée". Jamais elle ne se plaignait. Mais un jour qu'on parlait d'une jeune fille qui était malade et que je disais à Marthe pourquoi ça lui arrive, elle a eu ce mot qui est un de ceux qui m'ont laissé le plus perplexe "Je ne comprends pas ce que le bon Dieu fait avec elle." Moi qui avais une petite tendance à croire que Marthe comprenait tout, d'abord parce qu'elle nous faisait comprendre beaucoup de choses soit directement soit après coup en effet, il nous arrivait parfois de ne décrypter ce qu'elle nous avait dit que quelques semaines, voire quelques mois plus tard. Et là je n'ai pas encore compris comment Marthe qui priait tous les jours pour cette jeune fille a pu me dire cela.

Il y avait aussi l'extraordinaire affection de Marthe pour la Sainte Vierge, qu'elle appelait "maman chérie". Cela était chez elle d'un réalisme vécu. Elle vivait sous le regard maternel de Marie, Mère de la vie de la grâce qui est la seule vie pour les morts que nous sommes par le péché originel. Elle l'appelait toujours la maman. C'était toujours dans l'ordre de la prière, on va demander à la maman. Je pense que le nom de la maman revenait plusieurs fois dans une même conversation, pour marquer une tendresse, une affection, une union, une permanence dans l'union qui est un témoignage. Je ne pense pas que le souci de Marthe était de faire des révélations sur la Sainte Vierge, mais d'introduire dans l'intimité de Marie en donnant, comme Jésus donne son intimité avec le Père et ensuite comme il donne l'Esprit Saint, je pense que Marthe donnait son intimité avec Marie. Cela tient moins aux mots qu'elle disait qu'au fait que quand on la quittait on respirait dans la Sainte Vierge. Il s'agissait pour elle de faire entrer dans l'intimité de Marie. Dans cette même ligne, la Sainte Vierge lui avait demandé, de faire connaître Louis-Marie Grignion de Monfort, *Le secret de Marie* et *Traité de la vraie dévotion à la Sainte Vierge*, Marthe l'a fait passer par sa prière à travers ceux qui la visitaient, à travers la prédication des Pères de Foyers, à travers Karol Wojtyla, car il est inimaginable qu'il soit ce qu'il est, sans qu'il y ait eu une prière spéciale de Marthe à son sujet, enfin une, oui la prière spéciale de Marthe, car quand il a été élu elle m'a dit "c'est un bon tour que la Sainte Vierge nous a joué là". J'étais à Châteauneuf quand il a été élu. Elle n'en avait pas parlé de façon spéciale avant, elle était très discrète... Je crois qu'elle avait beaucoup prié pour obtenir le dogme de l'Assomption, elle n'en a parlé qu'après, mais c'était l'un des sommets de sa mission sur la terre. Pie XII l'a annoncé au cours de l'année sainte 1950, le 12 août, et il l'a proclamé le 1er novembre, le jour de la Toussaint... Aussi la Sainte Vierge voulait la proclamation de Marie Mère de l'Eglise pendant le Concile, cela Marthe me l'avait dit avant. Et j'étais à Rome et elle m'a demandé de faire quelques démarches, elle m'a fait téléphoner pour qu'il y ait un article sur la nécessité de proclamer Marie Mère de l'Eglise au Concile dans *L'Homme Nouveau*, et il a paru. Ça, Marthe y tenait beaucoup et elle y est arrivée...

Je pense que de même que la Sainte Vierge est mère de l'Eglise, mère de la grâce et par conséquent très particulièrement mère du sacerdoce sacramentel je pense que Marthe est mère du laïcat... La mission de Marthe dépasse de beaucoup les Foyers de Charité... Tous les mouvements actuels et qui vont à toute vitesse cela fait partie de cet élan que Marthe donnait aux laïcs qui avant elle considéraient que c'était aux prêtres de faire tout. Je suis arrivé à Châteauneuf dans une spiritualité qui n'avait rien d'apostolique, ma vie personnelle ne touchait à rien de public, en sortant de Châteauneuf, le lendemain ma bouche s'était ouverte. Avant, les convenances ne laissaient rien passer. Et les circonstances ont fait que je me suis retrouvé trois jours après à Washington. Dans les semaines qui ont suivi on a fait un petit groupe, on a dit des messes à la maison avec un prêtre français, et puis ça a commencé et puis ça n'a plus arrêté et puis je me suis dit qu'est-ce qu'ils ont tous à me dire ah ! et je me suis aperçu que la prière de Marthe c'était très puissant.

...Qu'est-ce que Marthe voudrait que je vous dise ?...

Dites-leur que je vais bien prier pour que le livre soit très bien.

Puis il montre un tissu avec quelques gouttes du sang de Marthe, le sang de celle à qui Jésus a dit "après ma Mère tu es celle qui sera le plus unie à ma rédemption" ... ce n'est pas l'intensité de la souffrance, c'est la perfection de l'union.

Un jour que je disais à Marthe, "je crois que sur tel point j'ai fait tel progrès et puis alors là je suis arrivé à quelque chose qui est pas mal, mais sur tel point, je me demande vraiment, il y a des progrès à faire, qu'en pensez-vous ? " et Marthe de me répondre "Laissez donc faire le patron !"

Un jour elle disait, il n'y a que les petits enfants qui ne me pèsent pas. Je vais terminer en vous racontant ce qu'elle a dit à un petit enfant de sept ans. Il a dit devant Marthe :

- Moi je peux pas y croire que le petit Jésus il est dans l'hostie...

Désarroi des parents, il aurait pu sortir cela ailleurs ! Alors Marthe :

- Mais le petit Jésus c'est le bon Dieu.
- Oui, dit l'enfant.
- Le Bon Dieu, il a tout fait, il a tout créé, il a fait la terre,

le ciel, le soleil, ton papa, ta maman, toi, il a tout fait.
- Oui, dit l'enfant.
- Il est tout puissant.
- Ah ! oui, dit l'enfant.
- S'il est tout puissant il peut se faire tout petit.
- Ah, fait l'enfant, j'ai compris.

V

Annonce de la Pentecôte d'amour

Extraits du grand texte que Jésus a dicté à Marthe sur l'oeuvre qu'il voulait accomplir en elle et par elle.

C'est alors qu'Il me parla de l'Oeuvre splendide qu'Il voulait réaliser ici à la Gloire du Père, pour l'extension de son Règne dans toute l'Eglise et pour la régénération du monde tout entier, par l'enseignement religieux qui y serait donné et dont l'Action surnaturelle et divine s'étendrait dans tout l'univers. Oeuvre à laquelle je devais tout spécialement travailler et me donner, suivant son commandement et ses conseils divins, sous la direction du Prêtre que de tous temps Il avait choisi et élu dans son coeur pour son édification et auquel Il donnerait un jour des collaborateurs fidèles et dévoués pour l'aider à absoudre, à instruire et à nourrir les âmes et les conduire à son Amour.

(...) Et ce que je n'arrivais pas du tout à comprendre, c'était la participation directe qui m'était imposée dans tout cela.

Mais je n'avais pas à discuter les ordres de Dieu, je n'avais plus qu'à m'incliner et à obéir, puisque je devais faire part tout de suite de ce qui m'avait été dit.

Quel martyre et quel supplice était le mien !... Je suffoquais d'angoisse à la seule pensée de ce que j'avais à dire, tellement je redoutais de parler. Mais le Seigneur avait insisté avec une telle autorité cette fois que je ne pouvais attendre davantage.

A ce moment Jésus ouvrit les bras en un geste glorieux de Bénédiction et d'Amour, les yeux baissés vers la terre qu'Il couvrait majestueusement de son Ombre en la considérant avec une tendresse et une complaisance ineffables. Après un moment de cette attitude, Il me désigna l'endroit précis où Il désirait son Oeuvre et qu'Il fallait acquérir.

Après un moment Il continua : Oui, Je veux faire ici quelque chose de nouveau et de très grand pour notre Gloire, à cause de toi... A cause de tout ce que je fais et veux faire en toi, et par toi en qui je veux me glorifier à l'infini !... Je veux recevoir ici un Amour et une Gloire infinis !... Je veux y connaître un Honneur et un Témoignage incomparables...

Je veux que tous les membres de l'Oeuvre soient des saints ! Qu'ils rayonnent par l'exemple d'une vie profondément surnaturelle, par l'exercice incessant de la Charité, par leur dévouement à toute épreuve... et enfin par le don de soi à chacun et à tous dans un don total à Dieu.

Je répandrai sur l'Oeuvre et sur chacun de ses membres des flots de lumière et de grâces ! J'y opérerai des prodiges étonnants ! Et ma très sainte Mère y accomplira elle-même des merveilles éclatantes. Je m'y réserve une multitude incomparable de grâces que je n'ai jamais encore jusqu'à ce jour répandues dans mon Eglise et que je ne répandrai nulle part ailleurs qu'en ces lieux. Les mêmes merveilles qu'aux premiers jours de mon Eglise s'y reproduiront et de plus grandes encore.

Ma très sainte Mère, qui sera la Reine glorieusement aimée et écoutée en ce foyer de mon amour qu'Elle conduira Elle-même par sa présence toute maternelle y connaîtra un véritable triomphe qui rejaillira au loin et sera connu des points les plus reculés de la terre.

Le prêtre que je me prépare pour son établissement et pour son immense développement sera un Apôtre d'une très grande influence. Il y fera du reste de magnifiques conquêtes et des conversions nombreuses et inespérées... Néanmoins, il ne pourra jamais rien faire sans toi, ni loin de toi. C'est par toi que je veux lui transmettre mes ordres et lui faire connaître ma Volonté. C'est par toi, à ta prière et ton incessant holocauste, que je veux lui communiquer ma Lumière et ma Grâce. Tu lui diras tout au fur et à mesure, ce que je demande. Tu ne pourras de même jamais rien faire sans lui. Je veux établir entre lui et toi, entre son âme et la tienne l'union la plus parfaite et la plus intime que je n'aie jamais conçue dans mon coeur. Une union semblable à la mienne avec ma très sainte Mère... Une union semblable à la mienne avec toi. Je la veux si belle et si pure que les Anges eux-mêmes en seront émus. Je veux qu'il y ait entre vous une très grande intimité de vie. Je veux vous confondre en Moi pour la Mission que je veux vous confier, pour toutes les âmes que je veux vous donner pour la Gloire de mon Nom.

Ne tremble pas, c'est moi qui veux ainsi... C'est moi qui ferai tout... Je serai la Lumière et la Force. Je serai l'Amour et la Vie en chacune de vos Ames en qui je veux régner en Souverain et en Maître absolu.

Après cela, Il reparla de l'Oeuvre : sa création, dit-il, sera le refuge des grandes détresses humaines qui viendront y puiser la consolation et l'espérance, et l'abri de ses murs, le signe évident de ma Volonté et l'appel émouvant de mon Coeur aux pécheurs innombrables qui viendront de toutes parts attirés par ma Mère.

Je veux qu'elle soit un Foyer éclatant de Lumière, de Charité et d'Amour, le centre unique des grandes résurrections spirituelles après la défaite matérielle des peuples et de leurs erreurs sataniques - l'Oasis vivifiante aux âmes de bonne volonté, aux âmes anxieuses et découragées, aux pécheurs endurcis et sceptiques, la Maison de Mon Coeur ouvert à tous. Son rayonnement grandira à la mesure de l'Infini, de l'Eternel.

Des prêtres nombreux animés de l'ardent désir de la perfection viendront aussi s'y édifier, s'y instruire et s'y sanctifier. J'y attirerai de même des personnalités de divers peuples qui recevront ici, par tout ce qu'ils verront et apprendront, le sens véritable et la sublime grandeur de la Vie et les vraies voies du Salut.

Qu'on l'édifie donc sans arrêt, malgré les difficultés de l'heure et les angoisses croissantes... Ma Volonté l'exige !... N'est-ce pas aux époques les plus mouvementées et les plus troublées, parmi les batailles, les incendies et les ruines que s'est épanouie l'immense et admirable floraison de mes Oeuvres divines et de mon Amour.

Marthe me disait, quand on voit quelques fois un événement de l'avenir, on ne peut pas savoir si c'est dans trois jours, dans trois mois, dans trois ans, dans trente ans ou dans trois siècles (Jean Guitton).

Nous touchons au coeur du coeur, expression qu'elle affectionnait, en parlant de la Pentecôte d'amour, à un lieu des plus délicats qui est celui de la prophétie. Si Marthe a vécu son sacerdoce de baptisée "jusqu'aux confins de la Trinité", elle a incarné sa vocation de prophète d'une manière surprenante.

On pourra passer au crible les textes qu'elle a dictés pour en dégager les sources, les influences, s'il en est un dont l'originalité, dont la teneur prophétique ne souffre pas de contestation, c'est bien celui que nous venons de citer à la suite d'autres études sur Marthe. Il place notre prophète au-dessus de toute récupération. Le prophète s'ancre dans la tradition mais il n'est pas traditionaliste, il innove mais on ne saurait le confondre avec les libéraux. Le prophète incarne ce qu'il dit, voilà pourquoi Marthe a été façonnée en forme de Foyer de Charité. Jésus lui a promis de faire d'elle une flamme dans le grand incendie qu'il veut allumer sur la terre. Il commence par sa paroisse, il se communique à tous les foyers de la terre, à tous les foyers d'amour nés de cette Pentecôte.

Marthe est une langue de feu. Elle sait quelle tribulation, quelle agonie terrible va connaître l'Eglise qu'elle aime tant, c'est pourquoi elle partage la hâte du Seigneur de voir la terre se couvrir de communautés dont les membres sont des saints, elle voit les nouveaux prêtres, les apôtres des derniers temps dont le nombre est inversement proportionnel à l'efficacité. Fille de l'Eglise, elle porte en elle cette parole terrible du Christ : "*Quand le Fils de l'homme viendra, trouvera-t-il la foi sur la terre ?*" Elle répond de tout son être et son immolation demeure indissociable de son apostolat. Ce n'est pas une idée, c'est une oeuvre, une action. Marthe est un témoignage vivant de la vérité de ce qu'elle prophétise. Témoignage au sens chrétien : le martyre. On peut discuter, remettre en cause des idées, des options théologiques ou pastorales, on ne peut qu'accepter ou refuser d'écouter un témoignage, et quel témoignage. Marthe est une Communauté nouvelle à elle toute seule tant elle porte le monde entier en elle et tant elle se porte dans le coeur de Dieu, jusqu'aux confins de la Trinité.

Marthe je ne sais pas grand-chose de toi, mais ce que je sais, ce en quoi et par quoi nous avons communié, c'est la hâte. Comme le disait Thérèse, "le monde est en feu, il n'est plus temps de parler de choses de peu d'importance". Je me sens comme toi quand Jésus te confia ta mission prophétique, comme Jérémie, je ne suis qu'un enfant qui sait à peine parler, je sais aussi que certains pensent que nous avons le temps, que l'histoire de l'Eglise ne fait que commencer...

Non le temps presse, la hâte de l'Amour, la hâte du Christ a peut-être deux mille ans, mais aujourd'hui est le jour que le Seigneur a fait pour t'interpeller afin que tu dises que des jours terribles et puissants arrivent sur le monde.

La kénose de l'Eglise

On m'adresse souvent des cahiers entiers de révélations privées, il m'arrive de ne pas pousser la lecture au-delà de quelques pages quand le bénéficiaire des "lumières divines" prétend que seuls ceux qui se trouveront à tel ou tel endroit seront sauvés : voilà qui est contraire à l'enseignement de l'Eglise qui interprète les Saintes Ecritures. Certains de ces "privilégiés" condamnent sans appel telle tendance dans l'Eglise ou affirment qu'après eux les révélations seront closes. Il faut se défier de tout ce qui est exclusif, restrictif, car le Coeur de Dieu est large et sa miséricorde inclusive jusqu'au scandale.

Aussi, si j'avais lu ce texte fondateur des Foyers sans connaître Marthe, sans connaître l'incarnation de cette parole, j'aurais plus que certainement achoppé sur une phrase qui aurait - pour moi - discrédité tout le reste : *"...le centre unique des grandes résurrections spirituelles après la défaite matérielle des peuples et de leurs erreurs sataniques..."* Il est vrai que Dieu veut manifester à chacun son amour de préférence, que chacun est unique, que dans l'amour humain le plus pur comme dans l'amour divin il n'y a que des "uniques". Mais en l'occurrence il faut tenter une exégèse loyale, éclairée par d'autres éléments connus.

Jamais les Foyers n'ont prétendu à une quelconque mainmise sur cette promesse de Jésus faite à Marthe et c'est le premier élément de discernement qu'il faut considérer. Elle est présente dans son oeuvre mais elle est présente dans tant de foyers, dans tant de familles, dans tant de communautés. Bien plus, ces communautés nouvelles qu'elle a annoncées comme les lieux uniques de grandes résurrections se multiplient aujourd'hui dans le monde entier. Il faut entendre nouvelles au sens grec du

Nouveau Testament qui se dit *Kaine Diateke*, c'est-à-dire alliance renouvelée par la présence de Dieu, par son Incarnation, par son Avènement - autrement dit pas radicalement différent mais régénéré par l'Esprit. Nouveau, dans l'acception néo-testamentaire, comporte également la notion de définitif. En France l'idée que nous avons des communautés nouvelles se limite aux formes radicalement nouvelles comme le Pain de Vie, le Lion de Juda, etc.

A Rome on voit les choses avec plus d'amplitude, le coeur de l'Eglise considère attentivement ce bouillonnement spirituel qui se produit partout, y compris dans certaines communautés des plus anciennes, et dans les institutions les plus vénérables.

Nous ne voulons cependant pas minimiser ce que la prophétie a de choquant ; quand une prophétie scandalise, c'est pour provoquer un choc salutaire.

Interrogée sur ces temps particuliers où se produira la Pentecôte d'amour Marthe a dit à un père spirituel que je considère comme un saint : **Il n'y aura plus rien.** Voilà plus choquant et plus paradoxal encore. Il n'y aura plus rien, les pères spirituels disparaîtront, une partie de l'humanité mourra de la faim de Dieu.

Marthe a alors décrit une véritable kénose de l'Eglise, une sorte d'hiver préludant au printemps. Quand Marthe est morte au mois de février, je lui ai porté un bouquet de roses de Noël qu'on a placé sur sa commode. J'y vois un symbole qui dit que même l'hiver est une saison d'humble floraison préludant à un feu d'artifice de couleurs. Les Foyers de Charité ressemblent à ce bouquet, à cette humble floraison, à cette secrète moisson qui prélude à la grande Pentecôte d'amour... sur toute chair !

Comme il fait froid sur cette terre et combien les feux, les Foyers sont encore peu nombreux. Autrefois chaque petite église était un de ces lieux divins, or la plupart disparaîtront. Il n'y aura plus rien dans la neige que des roses de Noël. Il n'y avait pratiquement plus rien en Judée quand au milieu de la nuit, en plein hiver, *un cri s'est fait entendre, voici l'époux qui vient,* mais c'est un nouveau-né et l'annonce de paix aux hommes de bonne volonté commence par le massacre des Innocents. La sainte famille fuit en Egypte. Il n'y avait plus rien. Et pourtant *l'enfant grandissait en stature et en grâce.* Ainsi l'Eglise comme rassemblée, concentrée dans une ardente charité qui la fait appeler Foyer d'amour et de Charité bien que peu nombreuse grandit jusqu'à ce que l'hiver soit passé.

Seuls ces lieux d'Eglise - d'une Eglise de témoins, d'apôtres des derniers temps - seront capables de ressusciter les enfants morts qui sont en son sein comme le disait Catherine de Sienne. Une paroisse est par définition composée en grande majorité de laïcs. Marthe, qui est terriblement conciliaire avant - et après - l'heure, annonce ces communautés de laïcs qui monteront sur les autels.

Les Foyers d'amour dont tous les membres sont des saints

Nous avons dit que Marthe appartenait à une grande lignée de stigmatisés qui apparaissent comme des géants, ce que Dieu a accompli dans son corps et dans son âme est absolument inouï dans l'histoire de l'Eglise, mais en demeurant cachée dans sa vie comme dans sa survie elle se distingue cependant des saints thaumaturges, de ces saints plus admirables qu'imitables.

On le sait, bien des théologiens et hommes d'Eglise ne surent pas découvrir du premier coup d'oeil la sainteté de Thérèse de l'Enfant-Jésus ; elle est pourtant, à notre avis, la théologienne envoyée par Dieu pour notre temps. Cependant, en dépit des nombreuses et excellentes publications pour la faire connaître, nous ne sommes pas encore entrés dans le merveilleux paradoxe qui sous-tend toute la vie mystique dont l'activité essentielle consiste à s'abandonner, dont le plus grand mérite est de ne pas en avoir, de ne pas chercher à en accumuler, et dont la grandeur réside dans la petitesse, dans la toute-petitesse. Ce message n'a pas encore été globalement reçu. Le grand engouement populaire pour la petite Thérèse a bien eu lieu, les prostituées ont devancé les "théologiens" dans le Royaume des cieux. Thérèse sera le docteur du réveil mystique du XXIème siècle. Elle est apparue à Marthe pour lui dire de continuer sa tâche. La mission de chacune est pourtant différente mais bien convergente pour ouvrir la voie à une nouvelle forme de sainteté.

Un jour un groupe de membres de Foyer se trouvait dans la chambre de Marthe et évoquait devant elle le fameux texte où Jésus lui promet que tous les membres des Foyers seront des saints. Leur souci était grand de ne pas correspondre à cette exigence. Soudain Marthe s'exclame : "Mon Dieu, mais je ne le vis pas du tout !"

Ce n'est pas une boutade rassurante, il y a bien plus qu'un flagrant délit d'humilité chez une grande sainte. Dans cet authentique aveu de pauvreté spirituelle, de dénuement total et profond se mesure la distance qui sépare un type de sainteté passé à un type nouveau, invention de la miséricorde divine.

Le type ancien

Je n'hésite pas à citer un peu longuement ce texte fondamental, une des sources de la spiritualité de Marthe que nous devrions tous avoir inscrit dans la mémoire du coeur si nous voulons comprendre l'ampleur du message qui a résonné dans la petite chambre de la Plaine.

Saint Louis-Marie Grignion de Montfort, *Traité de la vraie dévotion à Marie* :

La dévotion à Marie nécessaire particulièrement dans les derniers temps.

[55] Enfin Dieu veut que sa sainte Mère soit à présent plus connue, plus aimée, plus honorée que jamais elle n'a été : ce qui arrivera sans doute, si les prédestinés entrent, avec la grâce et lumière du Saint-Esprit, dans la pratique intérieure et parfaite que je leur découvrirai par la suite. Pour lors, ils verront clairement, autant que la foi le permet, cette belle étoile de la mer, et ils arriveront à bon port, malgré les tempêtes et les pirates, en suivant sa conduite ; ils se consacreront entièrement à son service, comme ses sujets et ses esclaves d'amour* ; ils éprouveront ses douceurs et ses bontés maternelles, et ils l'aimeront tendrement comme ses enfants bien-aimés ; ils connaîtront les miséricordes dont elle est pleine et les besoins où ils sont de son secours, et ils auront recours à elle en toutes choses comme à leur chère avocate et médiatrice auprès de Jésus-Christ ; ils sauront qu'elle est le moyen le plus assuré, le plus aisé, le plus court et le plus parfait pour aller à Jésus-Christ, et ils se livreront à elle

* Voir les sources de cette pratique dans notre chapitre sur Agnès esclave de la sainte Vierge, in *Agnès de Langeac, la Colombe et l'Agneau*, Fr. Ephraïm, Ed. du Lion de Juda, 1989.

corps et âme, sans partage, pour être à Jésus-Christ de même.

[56] Mais qui seront ces serviteurs, esclaves et enfants de Marie ?

Ce seront un feu brûlant, ministres du Seigneur qui mettront le feu de l'amour divin partout.

Ce seront *sicut sagittae in manu potentis*, des flèches aiguës dans la main de la puissante Marie pour percer ses ennemis.

Ce seront des enfants de Lévi, bien purifiés par le feu de grandes tribulations et bien collés à Dieu, qui porteront l'or de l'amour dans le coeur, l'encens de l'oraison dans l'esprit et la myrrhe de la mortification dans le corps, et qui seront partout la bonne odeur de Jésus-Christ aux pauvres et aux petits, tandis qu'ils seront une odeur de mort aux grands, aux riches et orgueilleux mondains.

[57] Ce seront des nues tonnantes et volantes par les airs au moindre souffle du Saint-Esprit, qui, sans s'attacher à rien, ni s'étonner de rien, ni se mettre en peine de rien, répandront la pluie de la Parole de Dieu et de la vie éternelle ; ils tonneront contre le péché, ils gronderont contre le monde, ils frapperont le diable et ses suppôts, et ils perceront d'outre en outre, pour la vie ou pour la mort, avec leur glaive à deux tranchants de la Parole de Dieu, tous ceux auxquels ils sont envoyés de la part du Très-Haut.

[58] Ce seront des apôtres véritables des derniers temps, à qui le Seigneur des vertus donnera la parole et la force pour opérer des merveilles et remporter des dépouilles glorieuses sur ses ennemis ; ils dormiront sans or ni argent et, qui plus est, sans soin au milieu des

autres prêtres, et ecclésiastiques et clercs, *inter medios cleros* ; et cependant auront les ailes argentées de la colombe, pour aller avec la pure intention de la gloire de Dieu et du salut des âmes, où le Saint-Esprit les appellera, et ils ne laisseront après eux, dans les lieux où ils auront prêché, que l'or de la charité qui est l'accomplissement de toute la loi.

[59] Enfin, nous savons que ce seront de vrais disciples de Jésus-Christ, qui marchent sur les traces de sa pauvreté, humilité, mépris du monde et charité, enseignant la voie étroite de Dieu dans la pure vérité, selon le saint Evangile, et non selon les maximes du monde, sans se mettre en peine ni faire acception de personne, sans épargner, écouter ni craindre aucun mortel, quelque puissant qu'il soit. Ils auront dans leur bouche le glaive à deux tranchants de la Parole de Dieu ; ils porteront sur leurs épaules l'étendard ensanglanté de la Croix, le crucifix dans la main droite, le chapelet dans la gauche, les sacrés noms de Jésus et de Marie sur leur Coeur, et la modestie et mortification de Jésus-Christ dans toute leur conduite.

Voilà de grands hommes qui viendront, mais que Marie fera par ordre du Très-Haut, pour étendre son empire sur celui des impies idolâtres et mahométans. Mais quand et comment cela sera-t-il ?... Dieu seul le sait : c'est à nous de nous taire, de prier, soupirer et attendre : *Exspectans exspectavi.*

Le prophète n'est plus propriétaire de sa prophétie, une fois qu'il l'a livrée. On observe toujours un décalage - heureusement ! - entre une prédiction et sa réalisation. Cette nouvelle race de saints, fils de Marie, véritable flamme de l'Esprit parcourant la terre, il les voit pauvres mais qui sait à l'avance la forme que prendra la croix ?

Qui pouvait prévoir une génération comme la nôtre, qui pouvait prévoir un tel sinistre psychique, un tel désastre spirituel ?

Les nouveaux saints

"...Aux moments décisifs de son histoire, le Saint-Esprit viendra au secours de son Eglise par des voies exceptionnelles. Il suscitera en elle des miracles de force, de lumière, de pureté. Dans la hiérarchie ou dans le peuple fidèle, des hommes et des femmes se lèveront, ils auront pour annoncer leur message tant de netteté dans la voix, tant de sainteté dans le coeur, que le monde croira réentendre les Apôtres.

Ils feront des miracles, discerneront les esprits, parleront en langues. Ils seront les vrais prophètes. Ils prophétiseront pour éclairer à la lumière de la Révélation le mouvement de leur époque et les besoins des hommes. En eux reparaîtront sous une forme adaptée aux conditions nouvelles de la vie de l'Eglise, les grâces charismatiques qui furent élargies aux premiers chrétiens.

Ces venues du Saint-Esprit dans l'Eglise, ces visites du Saint-Esprit, pourront se borner parfois à des secours miraculeux. Mais le plus souvent, les manifestations charismatiques de l'Eglise ne seront que le signe extérieur, le contre-coup sensible d'une effusion surnaturelle, incomparablement plus précieuse encore, de grâce et de sainteté." Charles Journet*.

---

* Texte de Charles Journet dans *L'Eglise du Verbe incarné,* cité par Daniel Ange in Paul VI, Ed. Saint-Paul, 1981.

Spiritualité sacerdotale

Jean Daujat nous partage : Un jour j'avais interrogé Marthe au sujet de San Damiano. Voici sa réponse : "eh bien moi, j'aimerais mieux qu'on convertisse le coeur des prêtres plutôt que l'on fasse tourner le soleil", et puis ensuite après un temps de silence, sa voix devenant angoissée, "oh moi ça m'est bien égal qu'on fasse tourner le soleil, mais pour Dieu je vous en supplie, que l'on convertisse le coeur des prêtres, qu'on convertisse le coeur des prêtres".

La théologie du laïcat, le rôle encore jamais rencontré dans l'histoire de l'Eglise que doivent jouer les laïcs dans les derniers temps ne diminuent en rien le rôle du prêtre. Le sacerdoce commun des fidèles ne saurait se substituer au sacerdoce ministériel car c'est lui qui lui donne son sens. La pénurie de prêtres ne doit pas nous conduire à une laïcisation de la messe. Non, si les prêtres des derniers temps sont moins nombreux, ils sont comme autant de Jean qui reçoivent tout de Marie pour que le peuple en vive.

Qu'aurait été la vie sacerdotale de Marthe si un prêtre ne lui avait été associé pour présenter à Dieu son offrande et la nourrir de la manne céleste ? La vie sacramentelle se fera de plus en plus intense au fur et à mesure que nous approcherons des noces de l'Agneau. Marie et Jean indissociables, la Vierge et le renouveau sacerdotal indispensable pour régénérer un peuple de pauvres qui se prépare à la rencontre de son Epoux.

Combien de prêtres doivent leur vocation à Marthe, combien de prêtres ont été sauvés du naufrage par l'immolation de Marthe ? Marthe est la grande invitation qui nous est faite de la part du Maître de prier pour qu'il envoie des ouvriers dans sa moisson.

La mission invisible de Marthe

De nombreux témoignages ainsi que notre propre expérience nous permettent d'affirmer que la mission invisible de Marthe s'est située et se situe à plusieurs niveaux que nous allons essayer de dégager :

- présence et assistance aux personnes dans une maternité spirituelle caractérisée par la consolation et le conseil intime en éclairant la conscience ;

- présence aux communautés en leur donnant ou en précisant leur vocation dans la préparation et la perspective de la grande Pentecôte d'amour ;

- au niveau de l'Eglise en tant que peuple de baptisés en lui rendant sa vocation à la sainteté et son sacerdoce, au niveau de l'Eglise hiérarchique en tant que dispensant la Parole de Dieu et l'interprétant. Marthe a joué un rôle dans le Concile Vatican II, par sa prière et son offrande mais aussi par des interventions, des conseils particulièrement en ce qui concerne la théologie mariale. Ce rôle n'est pas terminé, je pense que Marthe interviendra encore pour que Marie soit proclamée "Médiatrice de toutes les grâces" ;

- au niveau du ciel, son rôle s'inscrit dans l'économie du salut et du plan de Dieu pour ces temps qui sont les derniers.

VI

Marthe n'était qu'amour

La fascination du Christ pauvre

Témoignage d'une jeune femme

Au cours de la première retraite j'étais dans un vide, j'étais dans un trou noir, j'ai demandé vraiment la lumière à Jésus. On m'avait dit qu'il était important que j'aille voir Marthe et j'y suis allée. Et la première question qu'elle m'a posée c'est : "Qu'est-ce que vous faites dans la vie ?" C'était justement la question à ne pas me poser puisque j'avais tout raté. Je voulais faire les arts appliqués, j'avais raté le concours d'entrée. Il y avait ma marraine qui voulait que je me fasse infirmière et moi je n'en avais vraiment aucun désir, donc je racontais tout cela et elle m'a demandé pourquoi je ne voulais pas être infirmière. Donc j'ai montré tout le côté négatif de l'infirmière, elle m'a écoutée, elle ne m'a rien dit et elle a repris la conversation en me montrant tout l'aspect positif et le rôle d'une infirmière auprès du malade, et en plus la façon dont elle devait donner Jésus aux malades, et quand elle me parlait j'étais remplie vraiment d'une immense joie, et la paix comme si c'était Dieu qui était en train de me parler et de me dire ce que je devais être. Et quand j'ai quitté sa chambre, j'avais vraiment envie de danser, l'esprit de Dieu m'avait complètement remplie, et j'étais en train de dire à Dieu si tu veux que je devienne infirmière, je te donne mon "Oui", mais c'est vraiment Marthe qui au nom de Dieu me l'a demandé parce que c'était une chose que naturellement je ne voulais vraiment pas faire.

Donc ça a été l'exigence de ma première retraite où le Seigneur me traçait une route, je n'avais plus qu'à rentrer à l'école d'infirmière. Et comme ça a été vraiment difficile pour moi les premières années d'études, parce que je me retrouvais dans un monde médical que je n'avais pas du tout cherché, j'avais une Sainte Face dans ma chambre et dans les moments les plus durs j'appelais Marthe et c'est vrai qu'elle se rendait présente, et chaque année je retournais faire une retraite à Châteauneuf pour la retrouver et recevoir encore sa lumière comme je l'avais eue la première fois. Et donc dans mon coeur se précisait au cours des études d'infirmière que Jésus m'appelait pour soigner les vieillards donc je lui ai dit, mais je sens que Jésus m'appelle à soigner le vieillards, et tout de suite elle a bondi de joie et elle a dit "mais c'est un don de Dieu qu'une jeune fille veuille s'occuper des vieillards, il faut les faire prier pour tous les jeunes qui ne prient plus. C'est la réserve de contemplation du monde et leur faire particulièrement prier le chapelet". Donc là elle me confirmait dans un appel que le Seigneur mettait dans mon coeur. Mais en terminant mes études, ça n'a vraiment pas été chez les vieillards où j'ai pu aller parce que j'étais liée par cinq ans de contrat avec les hôpitaux de Paris, c'était dans un service de réanimation de nourrissons que j'ai été nommée, où il y avait beaucoup de mourants. Et je suis retournée voir Marthe pour lui montrer mon désarroi de me retrouver avec les nourrissons mais elle m'a reconfirmé que c'était bien Dieu qui m'appelait là et que tous les enfants qui mourraient, je devais les consacrer à Marie et les baptiser. Qu'il fallait que je les consacre tous à Marie. Quand elle me disait cela, je lui disais, "oui, mais les réanimateurs avec qui je travaille, avec qui j'ai le plus de mal, est-ce que je peux aussi les consacrer à Marie ?" Elle me dit "non, parce qu'ils sont adultes et qu'ils sont libres, mais vous pouvez les confier à Marie, mais tous les petits, il faut les consacrer à Marie." Alors je lui dis : "Mais Marthe, moi je suis dans une unité d'urgence et il y a une autre unité de cardiaques où il a beaucoup de mourants et je ne les vois pas forcément et je ne les baptise pas". Et c'est là où elle m'a dit : "mais travaillez plus en union avec la Vierge Marie, et elle vous conduira toujours au moment où il faudra auprès de l'enfant qui aura besoin de vous", alors j'ai réalisé à travers ce qu'elle me disait que Marie était donc en réanimation, qu'il fallait que je sois beaucoup plus unie à elle pour qu'elle me conduise.

A partir de ce moment-là, comme je travaillais beaucoup la nuit, je me suis mise à vraiment prier en travaillant et c'est vrai que Marie m'a conduite dans les autres unités au moment où il y avait des urgences et surtout quand il y avait des bébés qui mouraient et que j'ai pu baptiser. Elle me disait : "Qu'est-ce que vous leur faites à tous ces petits ?" Alors moi je lui montrais tous les actes techniques qu'on faisait sur eux parce qu'ils étaient en couveuse avec des tuyaux, et elle me dit : "Mais il faut les caresser, ils ont besoin de caresses ces tout-petits" et j'ai vraiment réalisé que c'est vrai on ne les regardait plus du tout comme des petits êtres pleins de tendresse mais comme des êtres qu'on agressait en permanence pour essayer de les réanimer.

Quand je me suis retrouvée à faire cinq ans dans les hôpitaux de Paris, je lui ai dit que c'était vraiment long. Elle m'a dit : "Non, le Seigneur vous prépare une voie meilleure". Donc j'attendais cette voie meilleure, et au bout des cinq ans quand j'ai eu terminé mon contrat j'ai cherché à partir dans un Foyer de Charité pour servir les pauvres et on m'a envoyée au Togo. Et là, en fait, en sortant de la réanimation, c'était un changement trop radical de milieu donc j'ai fait que de trier les médicaments, mais le Seigneur s'occupait de moi pour que je commence à larguer tout avec Paris, et j'ai fait une retraite à la suite de ces trois mois au Togo, où j'ai réellement demandé à Marthe qu'elle me dise où me voulait le Seigneur, elle me dit : "Je vais prier, allez voir le père Finet". J'y suis allée, je lui ai dit que c'était Marthe qui m'envoyait parce que je cherchais ma vocation, je voulais savoir où le Seigneur me voulait et le père Finet m'a dit : "O mais des infirmières comme toi il m'en faut, surtout pour partir en Afrique et servir les pauvres". Et pour moi c'était évident, c'était ça, servir les pauvres, partir en Afrique. Et en fait il m'ont fait attendre deux ans à Châteauneuf avant de m'envoyer en mission et c'est drôle je retournais voir Marthe en lui disant : "J'étais vraiment rentrée ici pour servir les pauvres" et Marthe me disait : "Oui, oui, restez bien dans l'obéissance vous partirez, et dans les pauvres (parce que j'avais une proposition de mission et je disais mais avec ce Père-là est-ce que je pourrais soigner les pauvres elle me dit oui vous pourrez parce qu'il était toujours entouré de pauvres, vous pourrez les soigner) Jésus s'y cache et revit sa Passion avec Marie sans qu'ils ne le sachent. Elle me répète la parole de Jésus, eh oui *tout ce que vous ferez à l'un de ces petits c'est à moi que vous le ferez*, donc je savais que viendrait l'heure où je serais envoyée pour servir les pauvres. Finalement je ne suis pas du tout partie où j'aurais dû partir, mais je suis retournée encore la voir pour lui demander "est-ce qu'on peut choisir sa terre de mission", elle m'a dit "mais bien sûr" alors je lui ai dit "mais je préférerais vraiment partir en Inde, alors qu'on me propose le Brésil" et à la fin de l'entretien elle dit "Bon eh bien je vais me consacrer avec ma petite brésilienne, ou ma petite indienne ou bien où Jésus voudra", et trois jours après, on me demandait de partir au Gabon. Et là pendant deux ans j'ai été au service des retraitants à "débrousser" parce que c'était vraiment la naissance du Foyer et par la légion de Marie un appel a été fait au Foyer que je sois infirmière en brousse. Le Père a accepté que je sois au service des plus pauvres dans un hôpital. On m'a demandé d'être surveillante, mais j'ai refusé ce poste et j'ai fait le tour de l'hôpital pour voir ce qu'y s'y vivait. Il y avait une salle où il y avait deux malades qui se mouraient dans les asticots tout seuls donc je suis allée trouver le médecin-chef et je lui ai demandé pourquoi ils étaient seuls, il m'a dit parce qu'en Afrique c'est pas aux infirmières de s'occuper des malades qui vont mal, c'est à la famille, si la famille les accompagne pas, tant pis pour eux. J'ai dit, c'est vraiment là où je m'arrête. Il m'a dit vous pouvez toujours essayer, et il pensait qu'au bout de quinze jours j'en aurais vraiment assez parce qu'il n'y avait pas d'eau courante, pas de housse sur les matelas, c'était vraiment la pauvreté radicale. Et avec ces deux malades on a démarré le service, on a commencé à faire des quêtes, on a commencé à recevoir des dons et de fil en aiguille on a agencé le petit service qui s'appelait le cabanon autrefois dans une petite clinique pour qu'ils viennent mourir dans le Seigneur et que le père Finet a consacré au Coeur Immaculé de Marie, pour que Marie y soit vraiment présente.

Marthe a vraiment manifesté qu'elle était présente à plusieurs reprises et entre autres les premiers temps où je me débattais avec des malades qui étaient grabataires et donc on se retrouvait toujours dans le pipi avec eux et la première qui a pensé à nous envoyer des poches à pipi pour appareiller les malades c'était Marthe. On ne lui avait pas demandé, c'est comme si à distance elle voyait que j'étais vraiment dans la misère avec eux parce que la chaleur quand un malade est dans ses odeurs. C'est vrai que c'est plus agréable quand même que tout soit dans une poche à urine que partout. Avant à Châteauneuf, j'avais eu deux entretiens avec elle, je n'allais pas du tout pour cela mais elle pendant les deux entretiens ne m'a parlé que de l'avortement, je voyais que c'était une détresse qu'elle avait vraiment à coeur et entre autres elle disait : "Mais les tout-petits sont les trésors de Dieu, il faut tous les consacrer au coeur de Marie. Dans une certaine ville en France il y a soixante avortements par jour, alors je lui dis mais c'est énorme, elle répond non c'est affreux". Il faut aussi montrer aux mères que le coeur de cet enfant bat en elles et souvent on peut sauver des enfants comme cela en faisant écouter les bruits du coeur de l'enfant à la mère." A propos de consacrer les petits en réanimation elle me disait : "Mais il faut en prendre plein vos bras et les mettre dans les bras de la Sainte Vierge", elle voulait que tous les petits soient offerts. Elle me disait pour soigner il faut avoir plus de coeur que de science et de technique, et les femmes avortées sont marquées à vie. Elle me donnait l'exemple d'une femme qui en voyant un avortement par aspiration est devenue folle et elle me dit avec autorité qu'elle était folle à vie.

Sur un tout autre sujet, Marthe me dit : "Quand la Sainte Vierge chante son Magnificat au ciel avec ces âmes, toutes ces innombrables âmes, tout le ciel vibre, vibre".

Un ami que j'avais rencontré à Paris me dit : "Ah j'ai appris que tu étais partie auprès de la mystique Marthe Robin", je lui dis oui, je suis maintenant à Châteauneuf. Il me dit en ce qui me concerne (il était séminariste), je me suis fait psychanalyser pour effacer l'image de Dieu en moi. J'ai eu un tel frisson, que quand j'ai revu Marthe je le lui ai confié dans la prière. Et Marthe en m'écoutant m'a dit, "mais il est pris dans les pattes d'un psychiatre de Satan". Alors je lui ai demandé s'il pourrait s'en sortir, elle m'a dit que ce serait très difficile, il faut beaucoup prier, mais il ne pourra s'en sortir que par un prêtre de Marie.

C'était une amie qui avait des difficultés avec son père spirituel et j'en parle à Marthe, et Marthe me dit "Oh la la c'est une vraie forêt vierge qui étouffe la vraie vie." C'est vrai qu'elle était débordante de vie ... celle que Jésus voulait.

Il y a une amie qui était venue m'aider qui se posait la question de sa vocation et Marthe lui avait dit "oui, oui, il faut retourner aller aider ton amie au Gabon parce que tous ces pauvres ce sont des rédempteurs qui s'ignorent". Et une autre fois on a vu très fort sa présence, c'était un prisonnier qui était vraiment dans les combats de sa finale, il était à l'agonie mais vraiment pas apaisé, il n'avait encore rien donné à Jésus et il était païen mais on sentait vraiment un grand combat dans son lit, donc on avait fait prier tous les malades, le chapelet et on avait appelé Marthe auprès de lui et quelques moments avant de mourir parce que j'assiste toujours les malades en leur parlant de la médaille miraculeuse, comme ils ne savent ni lire ni écrire c'est un moyen et quand ils prennent Marie dans leur coeur, généralement Marie met tout de suite Jésus et donc celui-là refusait vraiment la médaille miraculeuse bénite, donc on ne pouvait pas aller plus loin avec lui. Il étouffait et suffoquait, puis il a accepté la médaille et je lui ai demandé s'il voulait bien que Jésus sauve sa vie, je voulais le baptiser, il m'a regardé en me disant oui, mais c'était un oui désespéré, on est allé chercher de l'eau, on l'a baptisé et il s'est vraiment endormi juste après son baptême. Et une soeur du Foyer a tout raconté à Marthe et elle a dit : "Mais ce sont des grandes grâces de Foyer qu'elle vit là". A travers cela, je sentais qu'elle avait assisté au combat final et à la venue de Jésus dans son coeur. En l'invoquant c'était Marthe qui s'était rendue présente auprès de lui.

Marthe avait un intérêt particulier aussi pour le service de psychiatrie, elle nous envoyait souvent des chapelets, pour eux, des bibles et des cigarettes. Et elle avait dit aussi à une soeur qui s'en occupait : "Ils vivent là un mystère de la couronne d'épines."

Dans le courrier qu'elle recevait, souvent les gens pensaient à lui raconter leurs catastrophes ou à lui confier des intentions de prière. Et quand on lui écrivait pour lui raconter ce que l'on vivait au milieu des pauvres, c'était une joie pour elle de recevoir un courrier d'amour gratuit. Une fois j'ai attrapé une énorme infection à la joue et je devais perdre un oeil. Marthe m'avait fait dire qu'elle priait beaucoup pour ma guérison et effectivement j'ai été complètement guérie et sans séquelles.

Il paraît que tu la sens présente encore maintenant. P.eux-tu dire comment ?

Oui, d'ailleurs nous avons fait un grand cadre avec les photos de ceux qui sont partis au ciel avec celle de Marthe au milieu parce qu'on sent réellement que dans ce cortège qui part pour le ciel, c'est vraiment notre grande soeur et par son intercession des libérations s'opèrent sur les lits de mort et c'est une grâce qu'on lui doit, je crois qu'elle est vraiment comme elle le dit aux portes de l'enfer pour que les âmes n'y tombent plus, et je crois aussi qu'elle est au chevet des mourants pour nous aider à les accompagner et que Jésus soit victorieux de tous ces coeurs.

Un jour j'ai prié Marthe après un temps d'épreuve spécialement douloureux, je me suis mise à genoux au pied de son lit dans lequel elle n'était plus, et je l'ai suppliée de me montrer son nouveau mode de présence pour la retrouver. Et en voyant son lit vide je recevais vraiment dans mon coeur un appel qui m'envoyait vers les grabataires cloués dans leur lit comme elle l'était. Comme si elle me disait, je ne suis plus ici, mais tu me retrouveras dans tous ceux qui sont cloués dans leur lit sans savoir qu'ils vivent aussi le mystère de la Croix.

Et cela est très lié à l'Eucharistie aussi ?

Oui, je lui ai posé aussi une autre question mais à laquelle elle ne m'a répondu que beaucoup plus tard. Le jour de sa fête ou de son anniversaire. J'étais donc à la messe rue du Bac, et en recevant l'Eucharistie, en tendant les mains, j'ai vécu quelque chose de très fort, c'était comme si Marthe me disait qu'elle était là dans ce corps eucharistique, corps mystique de l'Eglise, c'était là comme un rendez-vous qu'elle me donnait, une réponse à une prière que j'avais faite beaucoup plus tôt et à laquelle je ne pensais plus du tout.

Un jour, alors que j'étais encore à l'école d'infirmières, je lui disais mais Marthe je voudrais rester en communion avec vous, dites-moi ce que je dois faire. Et elle me dit : "L'Eucharistie tous les vendredis ma petite." Et j'ai su par ce rendez-vous qu'elle me donnait qu'elle m'invitait à la messe tous les vendredis et ce n'était pas n'importe quel jour, c'était le jour où elle était dans la Passion.

Elle avait aussi un amour particulier pour les prisonniers, est-ce que toi tu as été témoin un peu de choses comme cela ?

Oui, à Châteauneuf on savait qu'elle faisait beaucoup de colis pour les malades et les prisonniers, et que de sa chambre partaient beaucoup de cadeaux qu'elle envoyait dans les prisons. Et ce qui se passe aujourd'hui dans la prison, si les portes s'ouvrent, alors que tout le monde nous avait dit, jusqu'à l'aumônier de la prison, c'est impossible d'y aller, je crois que Marthe y est aussi pour quelque chose. Et maintenant des groupes de prière vont démarrer dans tous les quartiers, on sent à travers cela la présence de Marthe.

Un vieux professeur qui était à Châteauneuf sachant que j'allais voir Marthe me dit : "Oh, dites à Marthe que je veux mourir". Je monte voir Marthe et lui dis, il y a Monsieur P. qui me fait dire qu'il veut mourir et Marthe me répond des Monsieur P. il y en a déjà au ciel mais on a encore besoin de sa sagesse sur la terre dites-lui". Ça l'a consolé.

Qu'est-ce qu'elle disait par rapport à la diversité des dons du Saint-Esprit ?

Je l'ai interrogée au sujet des dons du Saint-Esprit. Elle m'a dit, bien sûr que nous sommes appelés à vivre pleinement de tous les dons. Le ciel c'est la grande variété dans l'unité et Dieu est assez riche pour ne pas se répéter mais se renouveler éternellement, il ne faut surtout pas mettre le Saint-Esprit dans un coin.

Après coup je me rends compte combien Marthe à travers ce qu'elle me disait me préparait à ce que j'aurais à vivre plus tard, elle me parlait du monde et de l'avortement (auquel je suis affronté actuellement auprès des femmes séropositives) je lui dit "oui c'est un vrai tiraillement", elle me dit "non c'est une destruction. Ce sont des trésors qui appartiennent à leur Père des cieux, vraiment les tout-petits sont très grands".

Je vais vous partager quelques phrases d'une retraite que j'ai suivie et qui m'ont aidée.

Voir dans le pauvre Jésus :

"Que par mes souffrances, que par ma piété simple et profonde, par ma passion d'amour pour les âmes, par mon affectueuse tendresse, ma grande compassion pour les pécheurs, pour les pauvres, les petits, les malades, les incompris, les disgraciés, se réalise pleinement mon ardent et pieux désir de faire le bien, de le faire à tous, de les sauver tous avec Dieu et par amour de Dieu."

Grandeur de celui qui souffre :

"Mon Dieu je vous aime, ô Jésus je vous remercie pour tant de joie, tant de sainte émotion que vous avez mis dans mon âme aujourd'hui. Ce matin je pensais, ah si l'on connaissait tous les mystères de la chambre du malade ! On n'oserait ni le plaindre ni s'apitoyer sur son sort, on envierait la part qui lui est faite ; je crois que l'on ne penserait plus à voir en lui un disgracié, un déshérité, mais un heureux élu, un bien-aimé du Seigneur, on s'agenouillerait d'admiration dans l'angoisse, dans la joie de ce que Dieu réalise dans et avec les plus petites misères, quand ces petites misères sont bien dociles, bien fidèles à sa grâce. Qu'au contact des âmes douloureuses, mais quelques fois si rayonnantes de paix et de vie divine, la foi s'éveille, se fortifie, que les coeurs les plus endurcis se dilatent et s'ouvrent à la lumière, à l'amour. A quelle hauteur le Seigneur porterait nos âmes si nous savions profiter de toutes les grâces qu'il nous offre."

Beaucoup de criminels ont été accueillis dans le service parce qu'ils étaient très mal et ils ont tous été terrassés par la grâce de Dieu à la fin de leur vie. Et cela c'est vrai qu'on le doit à Marthe et au chapelet que les malades récitent chaque jour.

Un des premiers malades que j'avais eus était paralysé et il avait vraiment été abandonné pendant deux ans, sans aucune visite de l'extérieur. On l'a retrouvé un matin pendu à son lit avec le tuyau avec lequel on lavait les malades. J'étais vraiment très secouée de voir qu'il était parti au milieu de nous désespéré. Des amis partaient à Châteauneuf en retraite et je leur avais bien dit vraiment de confier cette intention à Marthe, et elle leur a tout de suite répondu : "Dites lui bien que dans sa miséricorde, le Seigneur l'a déjà pris."

VII

Relation de Marthe avec les visiteurs

Père Audran

J'ai eu l'occasion de rencontrer Marthe Robin en décembre 1945, deux fois, à trois semaines d'intervalle, à l'occasion de mon service militaire, alors que j'étais tout nouveau prêtre depuis neuf mois.

J'étais frappé par sa grande simplicité, j'avais l'impression de parler à une jeune fille de quinze ans, alors qu'elle en avait quarante-quatre.

Voici quelques-unes de ses paroles :

A propos de certains troubles du passé : "Ne pensez-vous pas qu'il faut oublier le passé et se donner tout à l'amour."

Lui faisant part de mes désirs intermittents de vie religieuse : "Il est beau de se pencher sur les âmes, de travailler au salut des pécheurs."

Je lui demandai : "Vous souffrez beaucoup Marthe ?"

"Je souffre constamment, le jour et la nuit."

Sur l'instigation de la personne qui me l'avait fait

connaître je me hasardai à lui demander : "Marthe, est-ce que je ne pourrais pas avoir un linge teint de votre sang durant votre passion, le vendredi ?" "C'est impossible, mais vous avez Jésus que vous tenez en vos mains et que vous recevez chaque jour à la messe."

Avant de la quitter, je lui recommandais mes intentions de prière : "Je vous demande de prier, Marthe pour le succès de mon ministère et pour les âmes qui me seront confiées." Je croyais n'avoir rien de plus utile à lui demander. C'est alors qu'est venu le coup de pied dans le tibia, coup de pied bienfaisant d'ailleurs, comme je l'ai dit maintes fois, car elle ajoute, en appuyant bien sur les mots : "Et pour votre sanctification !" J'oubliais l'essentiel : pas d'apostolat vrai, sans la sanctification personnelle, sans l'union au Christ Jésus...

Marie-Jeanne, religieuse

Lorsque ma mère était malade, nous avions convenu ma soeur et moi avec elle que la première des trois qui mourrait viendrait avertir, en rêve, lorsqu'elle serait au ciel. Environ trois mois après sa mort, elle vint me dire, en rêve comme convenu, qu'elle était au ciel. Maman était très pieuse et avait beaucoup souffert durant sa vie. Lorsque mon frère fut atteint à son tour d'une tumeur cancéreuse au cerveau, je lui demandai à lui aussi de venir me dire, en rêve, après sa mort où il était. Il mourut en 1961 à soixante et un ans.

Auprès de Marthe, je lui confiais combien je désirais m'en aller au ciel, et comme je lui avais dit que je m'occupais d'une maternelle, elle me répondit "être avec des petits enfants, c'est déjà être un peu au ciel. Il faut voir Jésus en eux." Autre conseil : "En travaillant restez le plus possible dans la Présence de Dieu."

Pour terminer je lui parlais de mon frère mort qui semblait-il n'avait pas tenu sa promesse. Elle répondit malicieusement : "Oh ! le coquin !" Puis elle se recueillit et me rassura en disant : "Je crois que dans sa Miséricorde infinie, Dieu lui a donné la Vie Eternelle bienheureuse."

Il était l'heure de partir. "Encore un dernier mot chère Marthe ?" "Contemplation ! Oraison toujours !"

Un prêtre étant allé voir Marthe, s'entendit dire en sortant : "Au revoir, au ciel." Il pensa que Marthe allait bientôt mourir. C'est lui qui eut sur la route un accident mortel.

Marthe a reçu beaucoup de prêtres. Elle avait un grand respect pour eux. Elle en a remis dans la bonne voie. Quand il était question de prêtres qui avaient abandonné leur sacerdoce, elle ne les nommait jamais autrement que les prêtres blessés.

R. L.

Un jour que je disais à Marthe : "Marthe, je n'ai pas le sens du péché" celle-ci me répondit immédiatement d'une voix claire, forte, je dirais presque violente : "Mais laissez-vous aimer" qui m'est allé droit au coeur. Cette petite phrase si simple ne me quitte pas depuis.

J'avais amené avec moi notre dernière fille Marie âgée de deux ans que Marthe m'a demandé de mettre contre elle sur son lit, et je l'entends encore dire "Marie, j'ai embrassé ta petite main, comprends-tu ton nom ?"

M.J. R.

Je venais de faire de la clinique psychiatrique. J'avais les nerfs fatigués, je souffrais moralement de toutes sortes d'ennuis. Peut-être que c'est aussi à cette époque que je n'arrivais pas à rester en paix à la messe du dimanche, qu'il me fallait sortir. Une compagne de clinique m'avait parlé de Marthe. J'en parlai aux religieuses qui me dissuadèrent de faire ce voyage : "Marthe ne vous dira que des choses ordinaires : faites bien la volonté de Dieu, écoutez le docteur"... j'avais peur de prendre ma voiture et une appréhension de rencontrer Marthe. Mais j'ai eu l'idée de lui écrire. Quelqu'un m'a répondu à sa place. Mais Marthe n'en est pas restée là. Voici ce qui s'est passé. Je revenais du village, vers une maison. Une pensée, une parole m'est venue à l'esprit avec la certitude que c'était Marthe qui s'adressait à moi. Elle m'a parlé au coeur : "Offrez vos souffrances". Je souligne "offrez", car rien ne peut rendre l'accent de douceur, le sens profond de ce mot, incitant à offrir. Non, rien ne peut rendre l'accent de cette parole. Pour moi, il n'y a aucun doute, c'est bien Marthe qui s'est adressée à moi pour me donner la parole dont j'avais le plus besoin, et ceci malgré les barrières qui étaient dressées pour me séparer d'elle....

Sr Madeleine Démarquet

Marthe Robin ! A son décès j'ai pleuré plus qu'à toute autre séparation. Elle était pour moi une passerelle entre Ciel et terre. Un mot, une exclamation, une intonation de voix cela me suffisait pour comprendre ce que voulait me dire l'Esprit Saint. Pendant vingt-cinq ans je m'arrangeai pour aller en retraite à Châteauneuf afin de lui parler dix minutes, dix minutes tous les deux ans, cela me suffisait pour me brancher sur ce que le Seigneur attendait de moi. Après une longue période de silence entre nous, un jour elle a parlé de moi à une de mes amies, réalisant ce que je vivais, alors qu'elle n'était pas sollicitée pour parler de moi. A une période très difficile de ma vie où mon activité apostolique était mise en doute par mon Père spirituel et le clergé dont je dépendais, elle m'a soutenue envers et contre tout me disant que ma place était là. Et il s'est avéré qu'elle ne s'était pas trompée.

Un jour qu'un prêtre, sorti récemment d'une dépression et d'une maison de soins où il n'aurait jamais dû entrer, était avec moi près du divan de Marthe, il allait commencer à raconter ce qu'il avait vécu, quand brusquement elle l'interrompt, avant qu'il n'ait donné quelque détail, et elle s'écrie d'une voix forte qui nous a bouleversés : "Père, vous avez vécu la déréliction de Gethsémani". Un jour, pour ce même Père, en ma présence, alors qu'il cherchait comment s'orienter elle a eu cette image : "Père, il faut laisser couler de l'eau sous le pont et c'est de l'eau sale..."

M. Aimard

Une petite prière avec Marthe, puis elle me dit : "Soignez votre intérieur, soignez votre personne..." Eh bien je n'étais pas très contente et ruminais ce qui m'avait été dit et même je regrettais d'être venue, mon orgueil était blessé ! Puis le dimanche suivant, 26 juillet, qui était la fête de sainte Anne et qui est à présent un anniversaire que je fête, tout s'est éclairé. J'ai réalisé mes négligences dans mon devoir d'état, et j'essaie en pensant à Marthe, d'aller dans le sens qu'elle m'a indiqué.

Camille Hendrik

Marthe m'a reçu facilement, le père Finet était auprès d'elle, en entrant elle m'a dit : "Comme vous avez souffert", et m'a parlé comme si elle me connaissait depuis toujours. J'étais très fatiguée, nerfs et autres, lui ai demandé ce que le Seigneur désirait que je fasse. Elle m'a répondu : "Continuez comme vous le faites, restez en union avec une communauté, rendez service, priez, ayez confiance toujours". J'avais trente-cinq ans, ne pouvais pas travailler, l'assassinat de mes parents en décembre 1944 m'avait bouleversée et démolie, plus tout ce qui a suivi ! En sortant de chez Marthe j'ai ressenti une joie profonde et douce, une certitude que le Seigneur était avec moi, qu'il ne m'a jamais quittée. Il faut dire qu'en entrant dans sa chambre j'ai ressenti une présence intense comme dans un sanctuaire.

Père B.

Marthe me demande si je confessais, je lui répondis que non. Elle me dit deux fois : "Vous avez tort, vous avez tort"... Ensuite elle me fit comprendre qu'on n'est pas créé pour vivre dans la misère... le péché... mais dans la miséricorde et dans la joie intérieure. Je me suis aperçu que Marthe avait le don de discernement... de clairvoyance... de direction. Depuis 1943, je fais mon possible pour confesser sans avoir peur de dialoguer. Avant de quitter Marthe, elle me dit avec beaucoup de conviction et de joie : "Comme c'est beau de travailler pour la Gloire du Père, du Fils et du Saint-Esprit". Je ne puis oublier son accent en me disant cela.

En 1979, je lui demandais conseil au sujet de mon changement de ministère... Marthe m'a répondu... c'est une aventure... de fait tout changement d'activité est une aventure avec des risques... c'est aussi un chemin de résurrection. Chaque fois que j'ai rendu visite à Marthe... je constatais toujours que sa vie mystique était source de grâces et de transformation intérieure. Les souffrances de Marthe m'ont permis de mieux comprendre le mystère de la Rédemption qui est un mystère d'amour. J'ai vu Marthe en agonie un Vendredi Saint avec le père Finet et quelques prêtres. En revenant de la maison de Marthe au Foyer... cela m'a provoqué une crise de larmes que je considère comme la réponse à la participation aux souffrances du Christ et de Marthe... voir Marthe en agonie... cela aide à comprendre l'agonie du Christ, mais cela fait très mal car Marthe a connu l'agonie pendant cinquante ans. Comment Marthe a-t-elle pu vivre dans la joie une vie si agonisante et en permanence ? Comment la joie de Marthe fut-elle plus forte que la souffrance ? Souffrir en aimant, voilà ce que Marthe m'a appris. La grâce la plus importante c'est de prier pour comprendre que Dieu nous aime d'un amour infini malgré nos faiblesses. Dieu n'aime pas le péché mais Il aime le pécheur. Le péché ressemble à une goutte de vinaigre, la Miséricorde de Dieu ressemble à l'immensité des océans voilà ce que Catherine de Sienne nous disait par Marthe Robin.

Père Louis Eynard

Marthe me demande : "Avez-vous rétabli les processions, la Fête-Dieu, le 15 août ? "Elle ne me dit pas la raison de cette question ; il est vrai que je ne lui ai pas demandé !

Si je suis entré sans trop savoir qui est Marthe, je commence à être impressionné. Comment en savoir plus ? Après un moment je dis à Marthe comment je présente la Parole de Dieu. Disons que j'annonce la couleur, essayant de dégager quelque chose du message spirituel dont le texte est porteur.

Tout à coup l'idée me vient de glisser une peau de banane sous les pieds de Marthe ! "Je crois que je suis trop exigeant, j'annonce toujours l'Evangile suivant le radicalisme qui s'en dégage naturellement. Je pense que je devrais "donner du mou", un peu de champ..." J'entends encore le cri de Marthe, un vrai cri d'indignation. "Vous croyez ? Vous ne voyez pas tous ces jeunes à qui on ne parle jamais de Jésus-Christ et qui s'adonnent à la drogue, aux sectes ?"

Je suis allé jusqu'au bout ! La conversation continue sur un ton plus classique, mais je suis de plus en plus impressionné. Le quart d'heure est terminé, Marthe me garde encore cinq minutes, je la remercie de m'avoir accueilli, elle dénie et c'est elle qui me remercie de ma visite ! Elle a gardé une paix inaltérable, et m'invite à m'unir à sa prière qu'elle dit d'une manière inimitable. Je sors bouleversé.

Frère Pierre Ouillon

Au moment où j'ai rencontré Marthe j'étais dans une école technique au Puy-en-Velay. "Que fait-on dans une école technique ?" me dit-elle. Je lui explique sommairement ; très surpris de sa question. Elle était tellement proche de ceux qui la visitaient !

Rapidement elle passe sur le plan spirituel : "Que proposez-vous à ces jeunes ? Eucharistie, prière...?" Je suis très interpellé car ils ont peu de choses en effet. Ce sera pour moi le début de rencontres avec des volontaires pour les écouter et prier avec eux. Avec l'aumônier, nous aurons la messe hebdomadaire, en milieu de semaine et bon nombre de participants. Personnellement, c'est en catéchèse que Marthe va me donner un coup de pouce, j'étais très timide et j'avais peur des grands élèves. Ce sera terminé, et l'aumônier pourra m'envoyer n'importe quel groupe. Marthe m'a montré, par son souci des âmes, le champ immense de l'évangélisation. Elle va à présent me donner les moyens, en me permettant de développer ma vie intérieure indispensable à la mission.

A la retraite suivante, fin 76, à Châteauneuf je vois écrite l'adresse d'un groupe de prière au Puy. En 77, je découvre le Renouveau charismatique qui va transformer toute ma vie et me donner, dans la force de l'Esprit Saint, l'audace pour accomplir ma mission.

F.

Mon mari, de trois ans mon aîné, étant passé avant moi, je ne puis dire, lors de cette visite, si elle a lu dans mon âme, ou s'il lui avait parlé de mon manque d'amour à son égard ?... car elle m'a reproché de ne pas assez l'aimer : "Il est malheureux cet homme là", m'a-t-elle dit, "il faut l'entourer, l'aimer plus, le soutenir", car j'avais en effet, fait un mariage de raison dont j'ai eu sept enfants et qui s'est amélioré. Les volets à demi ouverts, je la vois encore sur son lit, recroquevillée, son beau visage auréolé de cheveux noirs bouclés et sa voix claire, persuasive, lasse. J'en ai gardé un profond et touchant souvenir. Le Christ immolé et cloué sur la croix, me rapprochant de mon mari.

Mme de R.

(Elle est allée deux fois à des retraites à Châteauneuf, et a vu Marthe à chaque fois, ce qui fut chaque fois pour elle un événement décisif.)

Après la mort de Marthe, en terminant le livre de Raymond Peyret : "Prends ma vie Seigneur", Marthe me demande si j'étais d'accord de prier la nuit ? moi qui avais tant de peine à me réveiller, à me lever ! J'ai dit oui devant cette grâce qui m'était faite. Ainsi le samedi soir avant de m'endormir, je disais : "Marthe, c'est d'accord". Et elle est toujours passée me réveiller - à 2h - dans une grande discrétion, mais c'était net. J'en parlais au père Philippe qui me dit "c'est bien, mais continuez". Comme il avait raison de me dire cela. Les premières fois Marthe passait et j'avais l'esprit clair ! Puis ce ne fut pas toujours ainsi. Vous avez connu ces luttes, la fatigue, l'irrégularité, même l'abandon... puis la reprise mais en certaines occasions. Mais toujours à son heure, Marthe passe imperceptiblement. Je l'avise le soir : une pensée, oui, c'est d'accord.

Régine B.

J'étais divorcée et je vivais avec mon ami et je disais à Marthe mon désir de vivre selon la volonté du Seigneur. Elle m'a donné ce conseil : "Eloignez-vous et Dieu vous donnera un signe si vous devez revenir vers votre ami ou vers votre mari."

J'ai habité quelques mois à Lourdes et cela m'a permis de me séparer de mon ami (pour qui j'avais une grande passion). Et Dieu a montré que je devais revenir vers mon mari ; et même si lui n'accepte pas encore de revenir avec moi et nos deux enfants (justement à cause de ma conversion) j'ai grande confiance, Dieu travaille en son coeur. J'ai compris que Marthe, par délicatesse, me m'avait pas demandé brutalement de quitter mon ami et qu'elle savait bien qu'un jour je reviendrais à mon mari.

Soeur Anne-Magdeleine

Je pensais à la vocation religieuse, lorsque j'ai demandé à Marthe si c'était la Volonté de Dieu, elle m'a avec assurance répondu "Oh oui". Alors que je lui parlais d'être carmélite ou dominicaine elle m'a dit : "pensez à la Visitation" (ordre où je ne voulais pas entrer). Après quelques recherches sans résultat, j'ai compris qu'elle avait raison et je suis entrée à la Visitation en 1955.
Je lui ai aussi parlé d'un projet de mariage de ma jeune soeur qui rencontrait beaucoup de difficultés, et elle m'a dit qu'il se ferait, elle a eu raison. C'est encore aujourd'hui un foyer uni. Dans notre communauté une autre soeur a été envoyée par Marthe.

Le souvenir le plus marquant que je garde de cette courte visite est le Notre Père que j'ai récité avec elle à la fin de notre entretien ; j'ai eu vraiment le sentiment, la certitude même que, par sa voix douce et mélodieuse, c'était Jésus lui-même qui priait le Père.

Soeur Yvette Leconte

Voilà ce qu'elle m'a dit "Donnons-nous Jésus-Christ ? Ce sont des âmes que Dieu nous envoie".

Puis Marthe me demande de remettre le chapelet en commun, l'action de la Vierge est indispensable. Priez Marie et vous saurez ce qu'il faut dire aux âmes. Depuis 75 le chapelet a été remis chaque jour et cela continue.

Soeur Agnès Hugon

Entrée dans sa chambre obscure, j'ai été saisie par une petite voix au timbre très clair qui m'a posé des questions sur ma congrégation, ses activités... puis j'ai parlé du manque de vocations : "Les jeunes ne sont pas éduqués à la foi ; il faut les éduquer dans la foi... Ensuite je lui ai demandé comment aider deux religieuses qui avaient de grandes difficultés au sujet de la chasteté ; sa réponse brève et précise : "qu'elles ne cessent pas de communier, qu'elles ne se confessent pas uniquement de ces difficultés, qu'elles lisent et méditent l'Epître aux Hébreux début du chapitre XII".

Soeur Jeanne-Marie Léhe

C'était en 1967. J'avais la grâce de lui parler dans sa chambre noire, à la Plaine. La causerie fut très simple et en la quittant j'avais l'impression que rien ne s'était passé et je suis restée sur ma faim.

Mais à mon retour, dès le lendemain, elle agissait concrètement dans ma vie par l'intermédiaire d'un prêtre qu'elle mettait sur ma route. A partir de là ma vie spirituelle prit un nouvel essor et aujourd'hui je puis affirmer qu'elle a pris toutes mes questions en considération. "Ma petite soeur" a contribué, pour une large part, à ce que je sois aujourd'hui une religieuse heureuse et comblée.

M. B.

J'étais assistante sociale dans une grande administration où la C.G.T. faisait la pluie et le beau temps. En tant que catholique pratiquante j'étais surveillée, et j'ai eu à bien des reprises des cas de conscience à propos de circulaires ministérielles que je devais faire appliquer. Un jour où j'avais précisément ce problème, un prêtre me dit : il faut voir Marthe. Marthe, je ne connaissais pas. J'étais fort sceptique. Que pouvait savoir une personne éloignée du monde depuis de longues années, malade alitée, des problèmes politiques et administratifs ?

Néanmoins, je suis allée à Châteauneuf. Elle me demande quel est le problème ? Je me présente, situe mon service, ma responsabilité de chef de service d'une part, de chrétienne d'autre part. Et j'explique le contenu de la circulaire à appliquer, me demandant encore in petto ce qu'elle va bien pouvoir me dire.

Et voilà le miracle, Marthe après s'être concentrée un très court instant, me découvre un moyen d'obéir à mon administration centrale tout en respectant à la fois la laïcité et mon devoir de chrétienne. J'étais, je vous l'assure abasourdie. (Je ne me rappelle plus le sujet de la circulaire, j'ai quatre vingt-trois ans).

Mme J. B.

Je suis veuve depuis dix-huit ans, d'un homme saint. Sa vie fut une longue souffrance (polyarthrite évolutive) et un long apostolat auprès des jeunes. Sa mort fut un grand moment de grâce inouïe pour lui, pour moi... et pour tous ceux qui l'ont approché. Après son départ, je me trouvais à un tournant de ma vie, comment allais-je l'orienter ? C'est alors qu'une dame rencontrée en France m'a dit : "Allez donc voir Marthe ! elle vous dira bien ce que vous devez faire." "Marthe ? connais pas..." Une stigmatisée ?... cela ne m'inspirait pas confiance... mais comme on m'avait dit qu'elle s'occupait des Foyers de Charité, je m'en fus à Spa-Nivezé pour voir ce que c'était. Et là le père Oury m'a envoyée chez Marthe. Je fis donc une retraite à Châteauneuf et je fus reçue par Marthe.

Je me présente à elle comme veuve et aussitôt elle m'interrompt : "Il est dans la gloire de Dieu !" Quel choc et quelle émotion ! Je le savais, Dieu me l'avait fait voir au moment du dernier soupir, mais l'entendre affirmer si fermement par Marthe qui ne le connaissait pas. Et je me suis confiée à Marthe et je lui ai aussi livré le drame que mon mari et moi avions vécu dix ans durant chez une de nos filles mariée à un jeune médecin et qui est devenu alcoolique et drogué rendant cette fille plus malheureuse que les pierres, lui faisant perdre la foi et ce qui s'en suit... Il venait de décéder quelques mois avant mon mari (il a encore vécu six semaines après l'accident et a pu se convertir) laissant sa femme et quatre enfants de neuf à deux ans. Notre fille était devenue une Marie-Madeleine. Marthe m'a longuement écoutée et puis me dit : "Mais, il n'y a donc personne pour prier pour elle ?" et moi de lui rétorquer : "Mais, Marthe, vous, si vous le voulez bien..." Deux mois plus tard, alors que j'assistais à l'eucharistie quotidienne, qui vois-je venir s'asseoir près de moi ? ma fille, et elle est revenue chaque jour. C'était la conversion complète ! C'est une fidèle participante d'un groupe de prière du Renouveau.

Alors que je la quittais, je me souviens de ces paroles de Marthe : "N'oubliez jamais que de toutes nos croix, Jésus porte toujours la plus lourde part."

En ce qui concerne personnellement ma relation à Marthe, mon témoignage serait de dire que je suis convaincue - parce que je l'ai éprouvé depuis dix-sept ans maintenant - que Marthe m'a toujours accompagnée dans mon cheminement spirituel et qu'elle a par sa prière, suscité et conduit les événements pour ma formation spirituelle. Je suis retournée deux fois encore à Châteauneuf et j'ai toujours été persuadée qu'il n'était pas nécessaire de voir Marthe pour qu'elle vous prenne en charge. Maintenant encore "elle gambade" jusqu'à moi. Je crois qu'elle n'abandonne pas ceux qui se sont un jour confiés à elle ; et que de son vivant, elle les accompagnait déjà. Vous l'aurez deviné, c'est vers une vie de service et de prière que j'ai été guidée...

Mme Dolo

Mon fils âgé de sept ans ne pouvant vivre qu'en altitude, nous étions séparés de lui et c'est pour cela que je suis allée voir Marthe Robin. Le père Finet m'a emmenée à la ferme où elle vivait. Il m'a dit de l'attendre dans la cuisine, il a pris de l'eau, du coton en me disant que c'était du sang divin qu'il recueillait des yeux de Marthe. Ensuite je suis rentrée dans la chambre où j'ai vu Marthe qui vivait dans l'obscurité, je lui ai demandé de prier pour que mon fils guérisse et elle m'a fait mettre à genoux et m'a dit de prier avec elle.

Ne sachant pas qui elle était, je suis allée dans une boulangerie acheter un petit pain et j'ai demandé à la boulangère si elle croyait en Marthe Robin. La boulangère a appelé son mari qui m'a raconté la guérison de son fils. L'enfant était au plus mal et comme lui, le père n'était pas croyant, voyant que son fils allait mourir, d'après le docteur, il demande à sa femme d'aller voir "la Marthe". Sa femme est allée et Marthe lui a dit, va chercher ton mari. Le boulanger me dit, j'y suis allé, et Marthe m'a fait prier à genoux et demander pardon à Dieu. Elle me dit : "cette nuit, ton fils te demandera à manger et il sera guéri". Le docteur le lendemain matin croyait l'enfant mort et n'a pu que constater la guérison.

Mon fils n'a pas eu d'amélioration la première fois que je suis allée chez Marthe, mais j'y suis retournée en 1953 et elle m'a dit, "priez, je prie pour sa guérison" et à ce moment-là, le fameux médicament la "cortisone" est arrivé et mon fils a été guéri. Il avait des crises d'asthme terribles tous les jours.

Mme Danielle Gauthier

Si je voulais partager toutes les petites attentions, les cadeaux et les grâces obtenues par Marthe, c'est un livre qu'il faudrait que j'écrive aujourd'hui. (Retraite à Châteauneuf, deux enfants scolarisés à Saint-Bonnet...) Marthe a toujours été présente dans les événements familiaux.

En 86, un bébé s'annonce chez un de mes fils qui est à Singapour, il est prévu pour début mars 87. En nous annonçant l'arrivée de ce premier bébé, notre fils a l'occasion de nous envoyer un colis d'orchidées, je m'empresse d'en prélever trois branches et me voilà partie chez Marthe pour me recueillir dans sa chambre, je lui confie mes enfants, ce petit bout d'homme qui s'annonce, en lui disant tout simplement "Voici trois branches d'orchidées, les deux roses sont les parents, la blanche c'est le bébé. Puissent-ils toute leur vie être de bons serviteurs comme tu as témoigné, protège-les" et je quitte la chambre le coeur léger. Le 8 décembre au matin, coup de téléphone de Singapour, notre fils nous annonçait que notre belle-fille avait contracté une toxoplasmose, que les analyses étaient alarmantes, le médecin qui la soignait conseillait l'avortement (elle était enceinte de cinq mois) notre fils désespéré nous avait dit avoir pris la décision de consulter un professeur à Paris. Martine arrivera dans deux jours à Paris, il nous demande de nous occuper d'elle. C'était l'effondrement complet ! Heureusement dans la soirée, nous nous sommes aperçus que c'était le 8 décembre, et depuis fort longtemps nous avions pris mon mari et moi l'habitude d'aller prier Marie à

Châteauneuf en soirée. Je vois encore cette procession qui monte du village de Saint-Bonnet à Châteauneuf, nous récitions le chapelet en nous tenant par la main et nous pleurions, pleurions à chaudes larmes, nous étions là avec nos larmes, des paroles sur les lèvres mais c'était tout (hommes de peu de foi). Si Marthe ne nous avait pas fait un appel et bien nous ne nous souvenions même plus qu'elle était là !

A la sortie de la messe vers les 11h du soir, un membre du Foyer que nous connaissions bien, s'approche de nous, inquiète de nous voir dans un tel état et de lui expliquer le coup de téléphone.... Elle nous regarde avec un sourire inoubliable, un sourire générateur de paix et nous dit calmement, "Soyez sans crainte, Marthe s'est déjà occupée de tout, les orchidées blanches que vous avez apportées sont restées très très longtemps sans faner, elles apparaissent d'ailleurs sur la carte postale qui vient d'être éditée". A ce moment-là mon mari et moi avons reçu une grande paix, nous sommes rentrés en chantant et bénissant le Seigneur de nous avoir donné Marthe.

Martine est arrivée à Paris, consultation chez le professeur, confirmation du diagnostic, les analyses étaient alarmantes, l'enfant risquait d'être aveugle et d'avoir des lésions graves au cerveau. Notre belle-fille est venue s'installer chez nous, elle avait décidé de garder le bébé. Thomas est arrivé le 18 mars au matin, un magnifique bébé. (Le fin du fin alors que l'angoisse étreignait le papa, le médecin accoucheur a fait appeler une interne de garde pour venir parler un peu et calmer le jeune père, surprise, cadeau de Marthe, Pierre a vu arriver une copine, une fille qui avait fait toutes ses études à Châteauneuf... le courant passait.) Par la suite, le bébé a été hospitalisé pour découvrir l'anomalie décelée avant la naissance : Rien. Un an après, toujours rien.

Les analyses montrent que votre enfant n'a pas eu de toxoplasmose, les analyses du cordon ombilical étaient positives, les analyses du sang de l'enfant sont négatives... bizarre !...

Anne-Marie G.

A Châteauneuf où je suivais une retraite après de grandes déchirures dans ma vie, j'ai eu la grâce de rencontrer Marthe, cela a marqué ma vie. Quelques secondes d'hésitation au seuil de ce noir inconnu de sa chambre, et une voix qui m'interpelle, une voix si pleine de vie, de jeunesse, de tendresse que je ne l'ai jamais oubliée. Une voix forte, joyeuse, chaleureuse..."n'ayez pas peur, avancez jusqu'à moi", et le contact des mains, dont je ne saurais dire que l'émotion ressentie, et cette attention envers moi, si profonde, si légère, et les mots dits, si justes, si sobres, si précieux, et le silence partagé dans une jubilation si fine, si naturelle. Il m'a semblé qu'auprès d'elle, mon âme avait changé de dimension, un élargissement, un autre regard, une nouvelle certitude. Longtemps j'ai gardé mes ailes ouvertes, tout prenait un sens, mes épreuves devenaient des leviers ! Bien sûr le temps a passé, la loi de la pesanteur a fait que l'entrebâillement du ciel s'est plus ou moins refermé. Mais jamais totalement. Vingt-six ans après, je peux dire que Marthe Robin a changé quelque chose dans ma vie, elle m'a aidée tout au long de ce chemin sinon je ne serais pas ce que je suis aujourd'hui. Je la bénis et je la prie pour qu'elle nous aide à retourner nos coeurs chaque jour un peu plus.

Mme Vially

Je témoigne avec grande joie, oui, on ne peut garder pour soi de sentiment aussi grand, et qui brûle en nous. Pour moi c'est une aventure extraordinaire qui commençait. Dans la pénombre de sa chambre, elle a vu ma grande misère morale profonde, qui datait depuis l'âge de dix-huit ans, avec la perte de ma chère maman et de grands ennuis qui ont suivi, ma santé était altérée. Elle m'invitait à lui écrire pour lui confier mes peines : que de grâces j'ai reçues, la plus grande en 1967 durant la semaine qui précède le jour de la Pentecôte, j'ai été envahie durant les nuits d'une immense douceur qui me remplit d'amour et de lumière, un bonheur qui dépasse l'entendement qui m'élançait vers Dieu et vers les autres, à qui j'aurais voulu donner tout. Depuis j'essaie de témoigner et d'oeuvrer autant que je le peux dans ma petite paroisse. Je peux dire que Marthe a enfanté mon âme. Elle est ma mère spirituelle, je lui dois le bonheur qui habite en moi, malgré toutes les contradictions que je rencontre.

Mme Ch. Taufflier

(Le témoignage commence par la relation de la guérison de sa petite fille Claire, malade à neuf mois.)

Et c'est un jour qu'épuisée nerveusement et physiquement, une amie médecin, assistante du professeur Lejeune, qui avait vu Marthe Robin avant sa mort, m'a suppliée de tout confier à Marthe et de lui demander la guérison de Claire. Je me suis dit après tout pourquoi pas, pourquoi ne ferait-elle pas de miracles sur Claire. Avec ma mère, une nuit nous avons beaucoup prié en union avec beaucoup de communautés qui nous portaient. Au bout de quinze jours, Claire est sortie de l'hôpital... Elle restait fragile, je continuais à prier et à supplier Marthe et la Vierge de protéger notre fille. Si Claire est fragile c'est une belle enfant qui se développe merveilleusement bien et je remercie Marthe de ces grâces reçues, de cet accompagnement quasi quotidien car elle est toujours dans ma prière presque chaque jour que Dieu fait.

Georges Baudonnel
De la Communauté de l'Arche de Lanza del Vasto

J'ai posé à Marthe la question : est-ce qu'elle connaissait Gandhi ? et ce qu'elle pensait de Gandhi ?

Sa réponse fut celle-ci : à la première question : "oh oui je connais Gandhi". A la seconde question : "mais Gandhi c'est comme un second Jésus".

Gérard Pauc

(...) Après beaucoup d'hésitations et de contretemps, j'ai donc fait cette retraite, et je me retrouvais dans la chambre de Marthe. Je voulus lui dire pourquoi j'étais venu et ce qui m'était arrivé. Elle préféra me parler de la Sainte Vierge et me dire que je faisais bien de beaucoup l'aimer. Tout d'un coup, elle laissa tomber en substance :
- Vous êtes content d'être ici ? Vous vous y plaisez ? Etes-vous heureux d'être là ?
- Oh oui, bien sûr !

C'était vrai, l'impression de calme et de paix me plaisait et tout me semblait beau, le cadre, les cérémonies, les conférences, les sourires...
- Assistez-vous à toutes les conférences du Père ?

- Bien sûr !
- Et vous plaisent-elles ?
- Beaucoup !
- Mais les écoutez-vous bien ?
- Je crois.
- Et comprenez-vous bien ce que dit le Père ?
- Je pense.
- Et le retenez-vous ?
- Je le pense aussi !
- Voyons... qu'avez-vous retenu jusqu'ici ?
- ? !

Il y avait plusieurs conférences par jour ! Comment pouvait-on les résumer comme ça, à l'improviste en quelques secondes ?... J'étais pris au dépourvu, mais mon cerveau travaillait vite. Et il me vint à l'esprit une prière que le père nous avait enseignée et qui m'avait plu : il m'était arrivé tellement souvent d'avoir des décisions difficiles à prendre ! J'essayais de la reconstituer.

- Non ce n'est pas comme cela que le Père vous a dit, c'est : Mon Dieu, fais que je voie ce que tu veux , fais que je veuille ce que tu veux, fais que je fasse ce que tu veux ! Voulez-vous le redire avec moi ?

Avec elle j'ai appris à dire cette belle prière, et je la récite souvent, depuis, avec tout mon coeur.

A la fin de l'entretien, Marthe ajouta : "Voulez-vous que nous fassions une prière ensemble ?... voyons, si nous disions la prière du Seigneur ?" J'étais encore une fois coincé justement en effet, la nouvelle formulation du "Notre Père" me heurtait. Cependant, je me dis que Marthe devait bien mieux savoir que moi ce qui convenait. Je me surpris à tutoyer mon Dieu, grâce à elle, pour la première fois de ma vie. Ce "Notre Père" qui m'incitait à demander au Père que sa volonté soit faite sur la terre comme au ciel, c'est-à-dire en particulier dans mon coeur résumait très bien toute notre conversation.

Pleine de bon sens, elle comprenait d'emblée et savait résumer d'un trait : "il vous a roulé" me dit-elle quand je lui parlais de mon associé.

Le témoignage s'achève sur la promesse qu'il fit à Marthe de faire don de sa vie au Seigneur, et comment il chercha par la suite à devenir prêtre.

Yves Grauer

Mon père catholique d'origine juive passé en zone "libre" sous l'occupation allemande pour ne pas porter l'étoile, sa mère juive a dû quitter Paris pour se réfugier au fond de la province, moi-même j'ai dû me cacher pour éviter le service du travail obligatoire en Allemagne. Au cours d'un entretien avec Marthe, mon père s'est entendu donner la promesse et le réconfort suivant : "Aucun membre de ta famille proche ne souffrira gravement de la persécution nazie". Ce qui arriva en effet.

Père L.

J'ai bien connu Marthe Robin, j'ai cinquante et un ans de sacerdoce, j'ai été missionnaire diocésain, pendant trente-huit ans, sous quatre épiscopats. Ensuite j'ai animé et anime des retraites d'adultes et de jeunes. J'ai connu Marthe dès le début de mon ministère. Je l'ai rencontrée vingt-cinq, trente fois... peut-être plus... je n'ai pas compté... La première fois que je l'ai rencontrée, elle m'a dit : "Père... quand vous aurez des missions et retraites difficiles, écrivez-moi... Vous savez que je ne pourrai pas vous répondre... mais je vous aiderai." En repartant j'étais tellement heureux que j'ai chanté pendant quatre cents kms sur mon vélomoteur... Au début je lui écrivais pour lui fixer les dates des retraites et missions... plus tard j'ai compris que ce n'était pas la peine, elle savait... Très souvent, au cours de mon ministère, j'ai réalisé que le Seigneur avait exaucé "sa" prière, que de grâces elle a obtenues, et continue à obtenir... je la prie tous les jours. Elle a une part dans toutes les Eucharisties que je célèbre. Quand j'avais des difficultés, j'allais à Châteauneuf trouver le père Finet qui m'invitait à aller voir Marthe, elle m'encourageait et me disait : "Continuez, continuez."

J'ai été bouleversé un Vendredi saint, lorsqu'avec quelques prêtres à midi, j'ai pénétré dans la chambre de Marthe, elle souffrait la "crucifixion". Le père Finet avec sa lampe de poche nous a montré les plaies du front, les larmes de sang sur les joues et sur le linge mis sur sa poitrine... En entendant Marthe gémir sans arrêt, j'ai pleuré pour mes péchés. Il est certain que ma vie et mon service sacerdotal ont été profondément marqués par Marthe.

Huguette G.

J'apporte ici le témoignage que Marthe Robin après sa mort, en 1984, a obtenu la conversion de mon père deux jours avant sa mort à quatre-vingt treize ans. S'il acceptait et respectait le sacré, il le refusait pour lui-même, et avait des calembours acides envers moi "la bigote inconditionnelle" ! Marthe par deux fois m'a dit : "Ne vous souciez pas pour votre papa". C'était un homme droit et juste mais... aucune démarche religieuse depuis sa première communion !

Deux ans avant sa mort, un nouveau curé a visité les personnes âgées. Ne sortant plus, il a bavardé avec lui, mais au moment de partir ce prêtre lui a dit "si vous voulez communier, j'ai le Bon Dieu dans ma poche", il l'a alors prié de prendre la porte, n'acceptant pas cette désinvolture. Marthe était décédée et j'étais consternée.

Deux ans plus tard, ma mère me téléphone que papa n'était pas bien, que faire. Je lui ai conseillé de faire venir un prêtre ami en maison de retraite aux environs (la rencontre avec ce prêtre avait été préparée d'avance, j'en suis sûre, en vue du dernier moment). Ce prêtre est donc venu un peu "à reculons" ne sachant comment s'y prendre pour mettre papa dans la miséricorde du Seigneur... Je priais Marthe, sûre de ce qu'elle m'avait dit. Quand je suis arrivée à Rennes, j'ai eu la grande joie d'apprendre que ce prêtre l'abbé d'Orange avait passé une heure avec mon père qui a pu communier, je l'ai trouvé en paix, c'était un 21 mai. Merci Seigneur, merci Marthe.

Isabelle Lamy de la Chapelle

Je suis restée quatre ans à l'école de Châteauneuf, et j'y suis retournée régulièrement, souvent pour prier avec Marthe. Elle m'a guidée dans les décisions de ma vie. Les phrases qu'elle m'a dites sont nombreuses mais discrètes. Un jour elle m'a dit "Il faudrait penser à vous marier" j'avais vingt-sept ou vingt-huit ans, et puis plus tard elle m'a indiqué qu'un jeune homme se préparait pour moi, m'indiquant quelques détails.

Et puis à un moment où je me posais la question de changer de travail, quitter les enfants I.M.C. pour un hôpital de jour en psychiatrie, elle m'a fait dire de travailler en psychiatrie "mais pas trop longtemps", cela m'a été d'une grande aide. J'ai compris combien mon désir de lui rendre visite était impur, et combien ce que j'attendais d'elle n'était pas la volonté de Dieu. Grande leçon.

Pour notre mariage, Marthe nous a fait envoyer une Vierge du Foyer par l'intermédiaire du Foyer de Baye.

Je venais de finir mes études d'ergothérapeute, au cours d'une retraite à Châteauneuf, je monte chez Marthe avec le simple désir de prier avec elle, soudain elle me dit : "Avez-vous vu le Père ?" et je lui dis non (car je n'avais rien de spécial à lui dire). Au retour je vais voir le père Finet et pour meubler la conversation je lui parle de mon prochain travail, et puis je lui dis que l'Ecole d'ergothérapie favorise des bourses pour les U.S.A. (je n'avais nullement envisagé d'y partir). Tout de suite il me dit qu'il faut y aller, je craignais de tourner mal, "eh bien vous m'écrirez", un an après je partais aux U.S.A.

Au cours d'une autre visite, elle me demande si je chantais, tout de suite j'ai pensé qu'elle me confondait avec mes soeurs aînées qui s'étaient rendues célèbres à l'école de filles en chantant les solos. Un an ou deux plus tard, au cours d'une visite, elle me redemande si je chantais. Là aucun doute c'était bien à moi qu'elle s'adressait. J'avais après la première visite commencé à suivre des cours de chant et du coup je persévérais de plus belle. Dix ans après je m'aperçus combien chanter m'avait aidé à me détendre, alors que je travaillais auprès de malades en psychiatrie, et surtout, avait permis une évolution favorable à un adénome hypophysaire. Actuellement je chante toujours et l'adénome après quelques fluctuations semble se stabiliser.

Dr Pierre Bour *(Médecin psychiatre des hôpitaux)*

Une femme comme les autres...

J'ai eu la chance - il faut le dire, exceptionnelle - de rencontrer personnellement à deux reprises cette paysanne calfeutrée dans sa ferme familiale à Châteauneuf-de-Galaure.

La renommée spirituelle de Marthe Robin était déjà telle que je la croyais susceptible de jeter quelque lumière, la première fois sur mon orientation professionnelle et la seconde fois sur mes attachements affectifs.

Ce qui m'avait été communiqué avant la première visite sur l'aspect déroutant de son état physique, sur ses privations, m'avait plutôt alerté - pour le moins en tant que médecin - dans le sens d'une circonspection très réservée... renforcée par l'atmosphère assez froide de la chambre obscure où j'avais de la peine à distinguer son visage...

Mais, dès les premières syllabes sorties de sa bouche ce fut sa voix toute fraîche, le ton de sa voix à la fois menu, limpide et tout simple qui me conquit et m'apaisa... une femme comme les autres !

Le contraste avec toutes les interlocutrices que j'avais rencontrées dans les hôpitaux psychiatriques était flagrant et je ne pouvais d'intuition mettre son équilibre mental en question : j'avais confiance en elle, tout simplement, ce qui me permit de lui confier intimement quelques questions.

Lors de ma seconde visite, le père Finet, son vigilant et respectueux gardien, me montra dans le secret une photographie de son visage souffrant et perlé de sang.

Ce visage, au lieu de m'inspirer méfiance à l'égard d'un phénomène qui me dépassait, m'a laissé une profonde empreinte qui, au-delà d'une immense révérence, me communiquait une étincelle de cette vie consumée d'amour... et parfois je la prie.

C'est volontairement que nous avons pris une séquence de témoignages un peu au hasard comme si nous assistions à une série de visites un mardi après-midi chez Marthe. C'était d'abord l'attente dans la cuisine où le temps, pourtant rythmé par le tic-tac de l'horloge campagnarde qui sentait bon la cire, où le temps semblait s'allonger. Qu'allions-nous trouver au-delà de cette mystérieuse porte que le père Finet avait franchie, seul, en actionnant le levier de sa lampe à dynamo, il avait reparu, sans nous jeter un regard, demandant de l'eau chaude de sa voix grave. Qui allions-nous rencontrer ? Une envoyée du ciel pour répondre à toutes vos questions, quelqu'un qui lirait dans vos pensées. Alors l'anxiété grandissait : si elle me voit réellement comme je suis ! Certains repassaient leurs questions trouvant une sécurité dans l'ordre si fictif de leur pensée. Et puis on entrait. On ne voyait rien, on vous asseyait. Personnellement j'ai chaque fois été saisi par l'odeur du sang, mais tous les sens se réunissaient happés par une présence, par le premier son flûté qui sortait de la bouche de Marthe. Savait-elle d'emblée à qui elle avait à faire, pénétrait-elle immédiatement le secret des consciences ? Nous ne le saurons jamais. Ce qui est sûr c'est qu'elle possédait autre chose que le bon sens ou le don de conseil. Encore une fois Marthe était une dans sa personnalité ; discrète, sobre, humble, cachée, elle le demeurait dans ses entretiens. Autrement dit elle ne dévoilait ses batteries que lorsqu'elle y était forcée, lorsque la situation l'exigeait à moins que ce soit l'épuisement qui la pousse à aller au fait.

Un de nos frères fut reçu par elle, il y a une vingtaine d'années, il cherchait à se marier mais ne trouvait pas chaussure à son pied. Marthe mena l'entretien tambour battant : "Assieds-toi mon garçon, alors comme cela tu cherches à te marier. Eh bien, quoi que tu fasses, tu garderas le célibat." L'entretien était terminé, le garçon en question malgré l'avis de Marthe hasarda son coeur bien des fois, il porte aujourd'hui l'habit monastique au Lion de Juda.

De tels entretiens étaient rares. Marthe préférait poser des questions qui suggéraient la bonne réponse, qui remettaient dans le droit chemin. La visite de l'un de nos frères illustrera bien ce point précis bien qu'elle aurait pu figurer dans le chapitre sur l'humour de notre sainte. Le frère en question possède une naïveté digne des premiers franciscains. Je l'interroge sur sa visite à la Plaine. Il ne trouve rien d'extraordinaire, il a vu une bonne grand-mère, c'est tout. Mais la bonne grand-mère en question lui a posé trois questions. Or il se trouve que les trois questions étaient trois réponses. 1) "Dans telle maison avez-vous la Messe tous les jours ?" Il se trouvait que le responsable de cette communauté avait décidé de supprimer la Messe une fois dans la semaine pour réciter l'office (!) sans en avoir parlé à ses supérieurs. 2) "Dans telle autre maison sont-ils contemplatifs ?" "Pas plus qu'ailleurs" de répondre notre frère. On imagine le sourire de Marthe, cette maison avait tendance à se relâcher dans les exercices d'oraison. 3) Enfin notre Genièvre demande s'il doit se marier ou se consacrer dans le célibat, or nous venions de considérer la question ensemble et d'y apporter une réponse. Aussi Marthe de le placer devant l'évidence : vous avez des supérieurs, c'est à eux de voir.

C'est ainsi qu'il semblera à un certain nombre de se dire, j'ai fait un tel voyage pour qu'on m'énonce des évidences. C'est parfois cinq ans, dix ans plus tard qu'une petite phrase s'éclairait et vous donnait force et courage ou vous aidait à prendre une décision.

Notre cher Jean Daujat nous rapporte une anecdote savoureuse qui montre que Marthe connaissait surnaturellement ses visiteurs : "... il y a des cas où elle a eu une lucidité qui était vraiment du domaine de l'extraordinaire quand il fallait frapper un grand coup par exemple pour obtenir une conversion. Je peux vous raconter ceci. Il y avait un fils d'un grand industriel de Lyon qui passait sa vie à dépenser la fortune de son père à faire la noce. Il avait deux maîtresses régulières et un jour où il était avec les deux filles dans une boîte de nuit, l'une des deux filles dit : " Ah on devrait aller tous les trois voir Marthe Robin en lui faisant croire qu'on est des gens pieux qui viennent lui demander des conseils, on se moquerait bien d'elle et on rirait bien". L'équipe est décidée, et ils vont tous les trois voir Marthe Robin. Résultat : le garçon est à la Trappe et les deux filles au Carmel. Seulement ce qui s'est passé c'est que quand ils sont entrés tous les trois dans la chambre de Marthe Robin, elle les a accueillis en disant : "Comme vous avez raison de venir vous moquer de moi, c'est tout ce que je mérite !"

Il arrivait aussi qu'elle ait une très grande lucidité quand il s'agissait de choses touchant à la vie de l'Eglise. Je peux par exemple vous raconter celle-ci : c'est que quand a eu lieu le conclave où Jean XXIII a été élu pape, le père Finet parlait à Marthe et il lui disait, moi je souhaiterais que le conclave élise le cardinal Agagianian parce que ce serait très bien d'avoir un pape arménien dans cette période d'internationalisme et d'oecuménisme, et Marthe lui dit très tranquillement : "Eh bien moi je prie pour que ce soit le cardinal Roncalli". Remarquez qu'elle ne joue pas au prophète, elle dit je prie pour que ce soit le cardinal Roncalli, elle le connaissait bien.

Il arrivait également qu'elle manifestât par une action de grâce qu'elle connaissait avant ouverture le contenu d'une lettre qu'on allait lui lire.

L'attitude de discrétion traduisait un profond respect rempli de tendresse pour ses visiteurs. La charité seule guidait sa conduite.

Comme Jésus, elle ne condamnait jamais. Au risque de scandaliser les modernes pharisiens rappelons que Marthe recevait nombre d'adultères ou de divorcés, elle leur parlait rarement de leur situation, elle les aspirait plutôt dans le véritable amour. Un jour un "couple" se présente, tous deux sont mariés mais chacun de son côté ! Marthe les accueille comme si de rien n'était, le couple parle de sa situation. Marthe : vous vous aimez ? Eux : oui. Marthe : vous avez raison car l'amour est de Dieu. C'est tout, ils s'en vont, ils ont la force de se séparer et de retourner dans leur foyer respectif. C'était risqué, me direz-vous. A la place de Marthe vous auriez essayé de peser de tout votre poids pour faire pencher la balance du bon côté. Les vertus de Marthe sont portées jusqu'à l'héroïcité : foi, espérance et charité. Elle croit que l'amour est vainqueur, elle est remplie d'espérance elle sait que l'amour ne soupçonne pas le mal mais qu'il conduit irrésistiblement au bien.

Elle n'a jamais fait la leçon à quiconque bien que son attitude que nous ne pouvions deviner que dans les intonations de sa voix puisque nous voyions pratiquement pas son visage, son attitude pouvait contenir de sévères réprimandes. A l'instar de David devant Saül elle ne supportait pas que l'on touche à l'Oint du Seigneur, en l'occurrence aux prêtres. Un jour qu'une de mes "brebis" s'ouvrait à Marthe d'un jugement qu'elle portait sur moi, elle poussa un véritable cri de douleur puis prononça : Jamais, vous m'entendez, jamais ne pensez des choses pareilles.

Comme plusieurs témoignages le montrent, l'amour de Marthe était enveloppant. Elle restait dans sa petite chambre obscure mais elle ne vous quittait plus, sa présence demeurait discrète et efficace à moins qu'elle ne se voit contrainte par les circonstances de se dévoiler. Combien de personnes a-t-elle arrachées au suicide en les visitant ? Nous ne le saurons jamais. Elle demeure aussi présente après sa mort et quand on l'invoque, comme on appelle une amie, on la sent par la paix qu'elle vous communique, par des paroles qu'on croit entendre comme une voix intérieure, comme une évidence que dicte la conscience. Marthe a vraiment enfanté des enfants au Royaume des cieux, elle a été et elle demeure une mère spirituelle, instruisant ses fils et ses filles non pas dans une dépendance à elle-même mais dans une communion avec l'Esprit Saint.

C'est vrai que Marthe me manque, qu'elle m'a manqué terriblement après sa mort. C'est si pratique d'avoir quelqu'un qui vous parle de la part de Dieu, notre vie en Lui est une telle aventure... Cependant Marthe même si elle "savait" ne fut pas une pythie. Ses questions, ses silences nous renvoyaient à une maturité spirituelle. Ses silences... Certains silences pesaient lourd. Je lui parlais une fois d'un homme qui était mort mais tout le monde ignorait son décès, Marthe se tut, comme si elle n'entendait rien. Le même silence accueillait mes confidences à propos de projets qui ne devaient pas aboutir. De fait nous nous construisons souvent en construisant des projets, en nous investissant, à quoi cela servirait-il que Dieu nous dise, ce projet n'aboutira pas. Le prophète Nahum disait de la part de Dieu, vous allez reconstruire le Temple et le Temple ne fut pas reconstruit mais le peuple se reforma autour de ce projet. S'il existe une vox populi dans le cas de Marthe, c'est bien celle des visiteurs. Marthe souffrait toujours, je l'ai entendue une fois gémir et son gémissement s'est transformé en chant. Elle souffrait mais elle ne cessait de recevoir et de se livrer tout entière bien que dans un effacement total.

Marthe aurait très bien pu ne pas être stigmatisée, manger tous les jours comme quatre, dormir tout son saoul, elle aurait très bien pu être une malade "ordinaire" comme il y en a dans tous les hôpitaux, dans tous les centres spécialisés, le seul fait d'avoir reçu tous ces gens, de leur avoir fait tant de bien alors qu'elle-même souffrait ou se sentait perdue, séparée de Dieu, suffirait à la déclarer sainte.

VIII

Relation de Marthe avec un évêque

Témoignage de Monseigneur Jean Chabbert

Depuis l'été 1953 où je l'ai rencontrée pour la première fois, j'ai dû voir Marthe Robin une douzaine de fois.

Je livre ici mes impressions sans préjuger du discernement de l'Eglise à son endroit - qui sera évidemment décisif.

On se serait attendu peut-être à du merveilleux en pénétrant dans la petite chambre de sa maison à la Plaine. En fait, il n'en était rien, d'autant que cette chambre était obscure, en raison de la brûlure des yeux de Marthe qui ne pouvaient souffrir un rayon de lumière sans d'énormes inconvénients pour sa santé.

La femme qui était là, sur son petit lit, était une brave paysanne du coin, comme les autres. Elle parlait simplement des personnes connues, des événements en cours, avec beaucoup de bon sens. Elle se rappelait parfaitement nos conversations précédentes, de deux à trois ans de distance, demandant des nouvelles d'un tel ou d'une telle. En particulier, elle paraissait bien au courant des problèmes de l'Islam, me disant qu'elle avait reçu plusieurs fois des musulmans (j'étais à ce moment-là au Maroc).

Rien de sensationnel, elle ne jouait pas à la sainte, même pas à l'accompagnatrice spirituelle, parfaitement respectueuse de chacun, d'une grande charité pour tous.

De temps en temps cependant, lorsque l'on parlait de Jésus ou de Marie, un jaillissement de lumière et d'amour traversait l'échange. Un "oh oui !" soulignait la densité spirituelle du mystère évoqué. Tout d'un coup, avec une grande discrétion, on avait l'impression que la terre s'entrouvrait pour laisser entrevoir la beauté de l'ineffable. Non qu'elle décrivit ce qu'elle voyait de l'invisible, mais elle laissait transparaître dans un vif élan toute sa tendresse pour le Bien-Aimé et la Vierge Marie. On ne pouvait pas ne pas en être saisi.

C'est peut-être cette fugitive imprégnation de l'éternel dans le temps qui m'a le plus touché en elle.

L'Eglise était sa mère. Sa passion pour elle était forte. Peut-on dire que par son sacrifice Marthe portait l'Eglise de son temps tout en se sachant sa fille et son humble servante ? Elle vivait certainement la vocation de Thérèse de Lisieux "être amour au coeur de l'Eglise". En vérité, elle avait le sens de l'Eglise.

En parlant de Jean-Paul II, elle l'appelait le Pape de Marie. Elle insistait en disant que nous étions dans les temps de la Vierge Marie, en raison de sa présence et de son action dans le monde et dans l'Eglise d'aujourd'hui. Pour elle, Jean-Paul II avait été choisi spécialement par Marie.

Elle manifestait un grand respect pour les évêques et les prêtres. J'ai même perçu chez elle une différence de ton lorsque je suis devenu évêque. J'ai toujours senti qu'en rien elle n'aurait interféré dans mes responsabilités épiscopales. A peine une légère insistance sur tel ou tel aspect de la conversation comme pour permettre d'y porter plus d'attention. Elle ne jouait pas à la "directrice de conscience" des évêques.

Quant aux prêtres, on savait qu'elle offrait sa vie en particulier pour eux. De certains dont je lui avais parlé, elle me demandait des nouvelles deux ou trois ans après, ce qui prouvait qu'elle les avait pris dans sa prière. Je l'ai "entendue" pleurer sur un prêtre qui avait quitté le ministère.

De sa vie mystique, je dirai peu de choses. Je suis au courant de certains aspects de cette vie pour avoir participé par deux fois le vendredi après-midi à un moment de sa Passion. Je laisse aux théologiens désignés à cet effet le soin d'en apprécier le bien-fondé. Mais je n'hésiterai pas à dire que Marthe est du nombre des plus grands mystiques de notre temps.

Enfin je voudrais insister sur son amour de l'humanité. Elle portait le monde dans son offrande. Elle a vécu la "passion" de notre terre, surtout en ses heures les plus douloureuses.

Ce n'était pas une émigrée, elle a su se situer au coeur de l'histoire des hommes. Et il est bien probable qu'elle en ait infléchi le cours.

La visite chez elle se terminait par une prière toute simple. On disait un "Je vous salue Marie", quelques invocations ou tout simplement le Magnificat.

Elle me demandait de la bénir. Au revoir Marthe !

IX

Relation de Marthe avec des pères de Foyer

J'ai rencontré le père Van der Borght et Françoise en septembre 1982. Nous venions de fonder la maison de Saint-Broladre dans la lointaine Bretagne qui m'était une terre vraiment étrangère. L'ancien orphelinat dévasté étalait une mortelle tristesse, sans eau, sans lumière, les fenêtres étaient très hautes comme pour mortifier davantage encore le regard : nous avions surnommé une partie des bâtiments "le bunker de la faim", tant ils nous faisaient penser aux sinistres locaux où le père Kolbe avait donné sa vie. Aussi le moral de la petite troupe avait-il épousé le climat changeant avec les marées.

Marthe n'était plus pour confirmer "vigoureusement" ou infirmer d'un silence les nouvelles fondations mais elle envoya à notre secours celui qui se révéla vraiment comme le Père d'un de ces foyers d'amour rayonnant d'une véritable charité. Au bout de quelques minutes d'entretien où nous étions assis à même le sol, le père Van der Borght résuma la situation à la manière étrangement mystico-réaliste des flamands : nous nous sommes rencontrés il y a cinq minutes et j'ai l'impression que l'on se connaît depuis toujours, maintenant de quoi avez-vous besoin sur le plan matériel.

La sainteté de Marthe éclate dans son enfant, prémices de la Pentecôte d'amour, des pauvres que le Père glorifie dans l'intimité chaleureuse de Marie.

Que dire sinon que nous nous aimons, n'est-ce pas le plus grand miracle et nous le devons à Marthe qui vivait dans le secret le message que les Foyers et l'Eglise découvriraient après sa mort et progressivement.

La naissance d'un Foyer c'est aussi une histoire d'amour, je me suis naturellement adressé à Tressaint pour qu'ils nous racontent dans un chapitre de ce livre : la naissance d'un Foyer. Mais rien ne se passe comme je l'avais prévu dans l'élaboration de cet ouvrage et je m'en réjouis. Le Père et Françoise ne nous ont pas fait un compte-rendu, ils ont ouvert leur coeur, leurs propos chantent ce que nous avons dit ailleurs d'une autre manière : Marthe était elle-même un foyer d'amour, une circulation d'amour qui rendait à chacun sa dignité de fils privilégié, les murs protecteurs d'un bâtiment visible n'avaient plus qu'à monter autour de cette irrésistible attraction qu'exercent les Coeurs ou *le* Coeur comme disait saint Jean Eudes, de Jésus et Marie.

Le Père

J'ai connu les Foyers de Charité en septembre 1960, à l'occasion de la mort de mon père, le 2 février 1960 ; le père Ballavoine, du collège Saint-Louis du Mans, m'a proposé d'aller en retraite à Châteauneuf-de-Galaure parce que j'avais quelque chose qui ressemblait bien à une crise. Non pas une crise de la foi, ni une révolte, mais mon père était la seule personne avec qui j'étais intime et je me suis senti très seul. Le père Finet m'a tout de suite proposé d'aller voir Marthe mais j'ai refusé d'y aller parce que j'étais professeur de sciences et que les phénomènes mystiques ne m'intéressaient absolument pas. J'y suis retourné à Noël pour aider le père Finet, je n'ai toujours pas voulu voir Marthe ; et ce n'est qu'en 61, au mois de septembre que j'ai fait les six cents kilomètres de voyage exprès pour la rencontrer parce que j'avais un de mes élèves en difficulté et ne voyais pas à qui demander conseil sinon à elle. J'avais préparé mes phrases, parce qu'aller voir une mystique cela m'impressionnait ! Et quand je me suis présenté, "du Mans dans la Sarthe", j'ai entendu Marthe me dire : "Oh ! dans la Sarthe, alors là, c'est de la bonne terre !..." C'est ainsi qu'a commencé une vie de relation avec Marthe, d'amitié fraternelle, de très grande affection de part et d'autre.

Françoise

J'ai rencontré Marthe en d'autres circonstances. J'avais vingt et un ans, et le désir de faire une retraite pour orienter ma vie ; cependant j'étais bien décidée à me marier. Je suis allée à Châteauneuf-de-Galaure en voiture avec des étudiants ; en arrivant là-bas, il nous a été proposé de dire trois "Je vous salue Marie" en union avec Marthe Robin ; c'est la première fois que j'entendais prononcer ce nom et je n'étais pas spécialement attirée par les mystiques... Je venais là pensant bien "m'amuser", comme je l'avais dit à ma grand-mère, car surtout je ne voulais pas paraître pieuse.

Au cours de cette première retraite, le père Finet nous a parlé du laïcat consacré, et je me suis sentie très interpellée. Quand j'ai vu Marthe, je lui en ai parlé ; elle ne m'a dit ni oui ni non, elle m'a seulement dit : "pourquoi pas ?" Elle me laissait une totale liberté ; c'était à moi de répondre. Mais je suis redescendue avec cette conviction que le Seigneur m'appelait et que je devais rentrer au Foyer de Charité.

Le Père

J'ai rencontré Marthe assez souvent avant de fonder le Foyer de Tressaint. Nos rencontres étaient très amicales, on parlait de choses et d'autres, on parlait des retraitants, quelques indications extrêmement discrètes sur l'accueil des retraitants. Elle s'intéressait beaucoup à ce qui était vécu par eux et aux conseils qu'ils pouvaient demander. Et en particulier elle nous rappelait sans cesse qu'il fallait aider les retraitants à parler parce que certains sont bloqués dans leur avancée spirituelle par quelque chose qu'ils refusent à Dieu depuis plus de dix ans. Cela, le père Finet le répétait sans cesse. Je me rappelle qu'un soir, au mois de septembre, elle était épuisée et m'a dit : "Oh les retraitants je voudrais les voir tous dans le pré !" Et le lendemain, elle reprenait son travail qui était de recevoir et de recevoir sans cesse.

Après la mort de Marthe, nous avons eu l'impression d'être passés à côté du mystère qu'elle avait vécu, et j'en ai été très douloureux. Puis, peu à peu, tout est entré dans notre coeur : nous avons eu une vision de Marthe très neuve et infiniment plus profonde que ce que nous avions vécu avant. Et je crois pouvoir dire que le Foyer de Tressaint a pris une dimension nouvelle à partir de la mort de Marthe.

Par exemple, nous avons vécu cette expérience d'effusion de l'Esprit communautaire, en présence du père Halter, aussi inattendue que déterminante dans la vie de notre Foyer. C'était le 5 septembre 1982, il y a eu pour nous un avant et un après.

Je pense que s'il y a quelque chose de charismatique dans les Foyers de Charité, ce n'est sans doute pas de la même façon qu'au Lion de Juda, mais toute l'origine en est dans le charisme effarant de Marthe qui était certainement un charisme de prophétie. Marthe était charismatique par définition.

Françoise

Après la mort de Marthe, dans l'impossibilité de lui confier directement telle difficulté ou tel projet, nous avons continué la démarche d'aller à Châteauneuf prier dans sa chambre.

Dernièrement, j'ai passé mes vacances dans le Sud de la France. Sur le chemin du retour, je suis allée à Châteauneuf prier dans la chambre de Marthe. C'était le 1er octobre, fête de sainte Thérèse de l'Enfant Jésus. Ayant une prière difficile, j'ai demandé au Seigneur de m'accorder "l'esprit de prière". Et j'ai décidé de faire une neuvaine. Et neuf jours plus tard commençait à Tressaint une retraite pour la communauté ; au cours d'une Eucharistie, pendant l'action de grâce, une parole de science a été donnée, pour moi : le Seigneur me guérissait d'une blessure d'enfance, que j'avais complètement oubliée et qui faisait obstacle à ma prière. Pour moi, c'était évident que Jésus me guérissait par l'intercession de Marthe.

Le Père

Ce que disait souvent le père Finet, et qu'on expérimentait - sans la moindre question - c'est qu'à Châteauneuf-de-Galaure, le surnaturel est naturel. Que Marthe ait une extase après l'Eucharistie était pour nous naturel, qu'elle ne mange pas, qu'elle ne boive pas, qu'elle ne dorme pas, on ne pensait même pas que cela pouvait lui demander un effort, que cela pouvait être une souffrance.

Françoise

Le fait que Marthe vive chaque semaine cette "Passion", était devenu quelque chose d'habituel ; on savait que le jeudi Marthe entrait dans la passion, le vendredi le père Finet l'accompagnait, le samedi c'était le tombeau, et à partir du dimanche c'était la résurrection. Alors on a été très surpris par la mort de Marthe, on peut dire qu'elle est venue comme un voleur. On savait que Marthe s'enfonçait dans une souffrance de plus en plus grande, que sa mission de rédemption pour les Foyers était évidente. Mais on ne connaissait pas "l'heure".

Le Père

Pour moi la mort de Marthe a été "sidérante". C'était une période difficile pour les Foyers ; nous avions beaucoup de soucis, et j'ai vécu sa mort comme un abandon. Il semble bien qu'elle a donné sa vie pour une raison d'Eglise importante.

Marthe a beaucoup souffert du drame qu'a vécu l'Eglise et spécialement des départs des prêtres, elle sanglotait quand elle apprenait qu'un prêtre quittait son ministère.

Marthe était d'Eglise et avait un amour fou des prêtres. Nombre de cardinaux, d'évêques et de prêtres l'ont rencontrée et elle avait toujours un grand souci pastoral, les interrogeant sur leur ministère et les portant dans la prière. Marthe avait une mémoire extraordinaire, la mémoire même du coeur. Plus de dix ans après, elle me demandait, d'une façon très précise, des nouvelles d'un prêtre dont je lui avais parlé, alors que je l'avais complètement oublié. Pour elle, il était présent comme au premier jour.

Je pense aussi que tout ce qu'on a vécu de communion avec la communauté du Lion de Juda, Marthe n'y est pas étrangère. Et même si nos deux oeuvres sont très distinctes l'une de l'autre, il est certain qu'il y a une communion profonde qui doit réellement réjouir son coeur. Elle travaillait tellement à l'unité qu'elle ne peut que se réjouir quand des communautés peuvent manifester cette unité.

Françoise

J'ai eu la grâce pendant mon séjour à Châteauneuf d'aller toutes les semaines suivre des cours à la fac de Lyon et je revenais le soir avec le père Finet. En arrivant à Châteauneuf, il s'arrêtait à la Plaine et là il parlait avec Marthe à bâtons rompus. Il lui disait ce qu'il avait fait dans sa journée, qui il avait rencontré et puis même - c'était tout à fait familial - il lui disait ce qu'il avait mangé au repas de midi. Je me rappelle qu'une fois on lui avait servi des haricots verts, et le Père n'aimait pas les haricots verts. Marthe s'est moquée de lui gentiment en disant que c'était une chose qu'il avait à offrir. J'ai beaucoup profité de ces rencontres entre Marthe et le père Finet et cela a fait de Marthe une amie d'abord, une soeur ensuite. J'ai vraiment réalisé que pour moi Marthe était une soeur quand, pour la première fois, elle m'a demandé de l'embrasser alors que j'allais la quitter. Je l'ai embrassée sur le front, et j'ai senti sur mes lèvres la couronne d'épines et cela m'a beaucoup impressionnée.

Quand on est parti pour fonder le Foyer de Tressaint, on avait pour seuls bagages une grosse citrouille, les oeuvres complètes de Louis-Marie Grignion de Montfort, une statue de Notre-Dame du Foyer et la bénédiction du père Finet.

Le Père

Le cardinal Gouyon (alors archevêque de Rennes) est venu à Châteauneuf le lundi de Pâques 1966 ; c'était la première fois qu'un évêque de France faisait la démarche de venir à Châteauneuf demander un Foyer de Charité proche de sa ville épiscopale. J'ai alors reçu une lettre du père Finet me demandant la création d'urgence d'un Foyer de Charité dans l'ouest de la France.

Marthe n'intervenait jamais en disant qu'elle avait reçu du Seigneur l'intuition qu'il fallait fonder à tel endroit ou à tel autre, mais elle portait tout dans la prière. Dès que le père Finet est arrivé à Châteauneuf, Marthe s'est entièrement soumise à lui, comme elle se soumettait à tout Père de Foyer dans la direction de son Foyer ; elle n'était qu'un mystère d'offrande et de prière. Lorsque nous avons cherché où implanter le Foyer, nous avons hésité entre Pontmain et Tressaint ; en définitive, on a décidé que ce serait à Tressaint. Et je me rappelle ce que Marthe m'a dit : "Maintenant Père que vous êtes très saint vous ne pourrez plus que décroître !"

Tant que Marthe était avec nous, à chaque fois qu'il y avait une décision importante ou une épreuve, nous faisions le voyage à Châteauneuf pour la déposer dans sa prière. Au début quand je ne la connaissais pas encore très bien, je prenais ses silences pour des approbations alors que le silence de Marthe était souvent à interpréter comme une mise en garde. Ainsi dès les premières années du Foyer, nous avions envisagé d'agrandir la maison ; nous avons rencontré Marthe pour lui demander ce qu'elle en pensait ; Marthe n'a pas répondu. Mais à la fin de l'entretien, elle a dit, comme à chaque fois : "Nous allons prier" ; je me rappelle avoir été un peu fou furieux, d'avoir fait tant de kilomètres pour entendre cela. Mais de retour à Tressaint, j'ai trouvé une lettre de la préfecture qui refusait le permis de construire, comme quoi la réponse ne venait pas quand on était près de Marthe, mais elle venait quand même après.

Françoise

Une autre fois, Marthe ne nous a pas donné la réponse que nous attendions, et je me suis effondrée en larmes, mais Marthe s'est tue. Puis elle a ajouté : "Vous viendrez me dire au revoir avant de partir". Le lendemain, elle m'a dit : "C'est fini ce gros chagrin ?" C'est tout ce que j'ai eu. C'est vrai qu'après, on s'est senti porté par sa prière pour surmonter notre épreuve ; mais il fallait faire un acte de foi et continuer.

Le Père

Encore un mot sur le bon sens de Marthe : une religieuse venait de lui rendre visite ; au moment de partir, Marthe a entendu la religieuse faire du bruit dans la chambre et lui a demandé : "Mais ma soeur, qu'est-ce que vous faites ?" La soeur lui a dit : "Je me mets à genoux pour embrasser le plancher de votre chambre parce que la Sainte Vierge y vient souvent, c'est un lieu saint". Alors Marthe lui a répondu : "Ecoutez, ma soeur, plutôt que d'embrasser le plancher, venez m'embrasser sur les deux joues !"

Françoise

J'ai vécu neuf mois à Châteauneuf, il y a des petites choses qui m'ont frappée. Le père Finet allait tous les jours visiter Marthe... il montait à la ferme matin et soir, sauf quand il partait en voyage ; ses voyages s'effectuaient toujours entre le samedi matin et le jeudi ou le vendredi matin suivant, quelle que soit la distance de son voyage, pour arriver à temps pour accompagner Marthe dans sa Passion.

Il y avait aussi des petits gestes tout à fait quotidiens : quand le Père montait, il emportait ce que l'on appelait la gourde de Marthe, une bouteille d'eau entourée d'osier. Cette eau additionnée de vin blanc, servait à rincer la bouche de Marthe parce qu'elle ne pouvait plus déglutir, et lui permettait ainsi de parler à ses visiteurs.

Le Père

Marthe aimait beaucoup nous faire des cadeaux, un jour, elle a voulu donner de l'argent pour le Foyer et m'a indiqué où c'était dans la commode : vous ouvrirez le premier tiroir et à gauche vous trouverez une enveloppe grise, dans l'enveloppe vous prendrez cela. Mais avant que je puisse le faire, elle m'a envoyé au Foyer demander, pour elle, la permission au père Finet. C'est pourquoi dans les Foyers, on insiste beaucoup sur l'obéissance parce qu'on l'a appris un petit peu à l'école de Marthe.

Un dernier souvenir de Marthe : j'ai encore dans l'oreille les accents qu'elle avait pour dire : "N'abandonnez pas mon Père" alors que le père Finet était en grande difficulté. Sa relation avec Marthe était tellement privilégiée que Jean Paul II lui-même, dans la rencontre des prêtres à Annecy (à laquelle le père Finet participait) l'a défini comme "celui qui avait accompagné Marthe pendant toute sa vie".

Témoignages des membres et du Père du Foyer de Courset

Pères et membres de Foyers, ce sont avant tout des personnes qui se sont laissées aimer par un coeur très proche, très humain comme le coeur humain de Jésus qui, en leur révélant l'Amour unique de Dieu pour eux, les invitait à partager ce don à tous les hommes. Quelle joie de savoir que Marthe continue son "travail" pour nous, et, par nous aussi, pour le monde tout entier...

Marthe, une "présence" au-delà des paroles... : Ses paroles ? Je me rappelle leur dépouillement, leur simplicité incisive et lumineuse, tel cet "or purifié au feu" dont parlent les prophètes.

Je garde dans mon coeur comme un trésor ce qu'elle m'a dit. La première fois, j'étais assez démoralisée à ce moment-là, vivant des choses dures et ne voyant pas clair... Quelle présence, quelle humanité j'ai trouvées auprès de Marthe ! J'avais l'impression d'être déjà connue, aimée d'elle. Elle m'a dit, une fois m'être exprimée : "Le Seigneur attend une générosité, une fidélité sans faille, ne Le décevez pas... mais faites-vous aider."

La rencontre avec Marthe, une communion à un coeur... : Ses paroles étaient toutes simples en apparence, mais toujours riches de sens, pour celui qui savait les garder ; elles s'éclairaient parfois longtemps après...

Marthe, à travers les rencontres que j'ai eues avec elle, m'est apparue surtout comme un *coeur* dont les qualités humaines étaient développées très fort grâce à son union au coeur de Jésus. Les quelques instants que j'ai eu la grâce de passer auprès de notre petite soeur Marthe ont été très courts, si on mesure le temps, mais il durent toujours.

Un coeur "divinement" humain... : Dans mes courtes visites chez Marthe, ce qui m'a toujours beaucoup frappée, c'est sa grande simplicité et discrétion par rapport au mystère extraordinaire d'union avec Jésus qu'elle vivait. Comme dit saint Paul : *Ce n'est plus moi qui vis mais le Christ qui vit en moi.* C'est ce qu'elle vivait profondément, et j'imagine que ce sont un peu ces contacts, d'une grande humanité, que Jésus avait avec ses disciples et avec ceux qu'Il rencontrait.

Entièrement disponible à son interlocuteur, elle vivait à fond l'instant présent. On sentait qu'elle accomplissait ainsi, par ces longues heures d'écoute, la Volonté de Dieu et qu'elle y trouvait sa paix. Je crois aussi qu'elle discernait la personne de Jésus dans ceux qui venaient à elle. Elle était à "chacun et à tous dans un don total à Dieu".

Marthe avait une relation qui faisait exister les autres ; complètement oublieuse d'elle-même, elle cherchait le point par où elle pouvait faire comprendre à l'autre qu'il était aimé et le provoquer à grandir par la réponse à cet amour. Elle était très humaine, ouverte et très présente à celui qui était près d'elle, mais on la sentait toute prise par l'essentiel, comme baignée en Dieu, occupée de l'unique nécessaire. Ce qui m'attire vers Marthe, c'est cet amour de l'enfant à son Père, Amour du Fils dans l'offrande d'expiation, de Rédemption, d'Amour ; son attrait pour les prêtres.

Avant le départ d'un membre pour le Foyer de l'Equateur... : Nous sommes allés visiter Marthe avec le Père. "Vous allez partir pour l'Equateur avec le père T, vous avez un terrain, je crois..." (le père T. l'avait acheté au mois d'août 1980... Marthe relève la crainte pour le

Cotopaxi tout proche, grande préoccupation du Père lors de la recherche d'un terrain car le Cotopaxi est un volcan encore en activité.) "Vous partez en bateau, alors vous allez pouvoir emporter des choses... De quoi avez-vous besoin ? C'est en altitude (à 2870m), il doit faire froid, j'ai un thermos qui vous sera utile... Je viens de recevoir des sacs de couchage... Pour mettre de la musique pour les retraitants, il y a un beau magnétophone avec deux hauts-parleurs, il doit être dans la grange... Qu'avez-vous pour la cuisine ?... Vous demanderez aux membres de la Communauté... une série de casseroles et un fait-tout bleu en émail... Pour le travail, il y a des blouses, vous essayerez "... Pour la sacristie, Marthe nous offre du linge d'autel brodé, elle appelle un membre du Foyer pour préciser : "j'ai un petit ciboire qui date de la Révolution, c'est pour cela qu'il se démonte, qu'on peut enlever la croix"... Elle pense à tout ! Après avoir choisi, essayé, nous retournons voir Marthe pour la remercier. "Restez bien unis", nous dit-elle, "en communion". Ce furent les dernières paroles de notre visite.

Marthe : un coeur nourri de la Parole de Dieu... : Dans une rencontre, Marthe m'a fait achever cette phrase de Jésus qu'elle me donnait comme un trésor, un secret de son coeur : *Ma nourriture, c'est de faire la volonté de mon Père.* Depuis, j'en fais souvent ma prière. Marthe m'a renvoyée à la Parole de Dieu pour me faire comprendre que Sa Volonté est bonne pour nous, que l'obéissance à cette volonté est la seule chose qui puisse nous faire vraiment grandir. J'ai compris que Marthe, comme Marie, gardait fidèlement la parole dans son coeur et la méditait, que cette Parole la faisait vivre ; son désir était, en nous la partageant, qu'elle nous fasse vivre aussi. On sentait en elle ce désir que le Corps tout entier du Christ grandisse, dans chacun de ses membres dont elle se sentait solidaire.

Un coeur universel... : "Son coeur était rempli des soucis du Bon Pasteur. Elle nous indique une voie de l'Amour qui a sa source dans l'union au coeur de Dieu, fruit d'une prière ininterrompue. Comme Jésus, elle nous donnait confiance, en remarquant le meilleur déposé en nous par Dieu et appelé à grandir avec sa grâce, et pour nous, membres de Foyer, elle nous faisait comprendre "l'honneur qu'Il nous a fait en nous appelant à son Oeuvre".

Portant toutes les intentions de l'Eglise et du monde... : Je savais qu'elle prenait dans son coeur toutes les intentions de ma famille, la communauté de l'Eglise protestante dont j'étais issue et que je lui avais confiée avec l'intention que le Corps du Christ puisse un jour retrouver son unité. A travers l'attention personnelle portée à chacun, on sentait que sa communion à Jésus lui donnait un coeur universel et qu'elle désirait être pour chacun des hommes de la terre une amie ou une soeur très chère qui entraîne dans le coeur du Père. Nous savons bien que maintenant elle continue d'accompagner chacun de nous, comme elle l'a promis, en nous demandant de la suivre comme elle a suivi Jésus. Ainsi elle réalise bien la Promesse que sainte Thérèse lui avait faite, de continuer son oeuvre en allant plus loin encore.

Un appel à continuer son oeuvre en nous, parce que c'est l'oeuvre du Coeur de Jésus... : Ce qui me reste de notre grande soeur Marthe, plutôt que des paroles précises, c'est vraiment son exemple, et combien en tant que membre de Foyer, j'ai à continuer pour le Salut de mes frères. "Notre vie est désormais cachée en Dieu avec le Christ. Je m'offre à vous pour être l'hostie vivante de tous mes frères en ce monde". Elle qui était toute offrande avait le désir de nous transmettre cet esprit d'offrande.

Mon attrait vers elle va au-delà des paroles. Elle continue à vivre en nous. Cette vie toute d'offrande, unie au Christ dans un amour qui va au-delà de tout, conduite par la Sainte Vierge, ne peut qu'attirer. Sa foi intense malgré les tentations, les moqueries, les à quoi bon. On peut se plonger dans ses prières qui sont comme des flammes qui éclatent de son coeur rempli d'amour.

Marthe, Mystère d'offrande, de don de soi... : Je n'ai rencontré Marthe qu'une fois, mais je lui dois ma vocation dans les Foyers. Je me suis toujours appuyée sur son offrande et sa prière, car j'étais sûre que le Seigneur ne pouvait rien lui refuser.

Marthe nous raconte : "Mon papa, quand il est venu habiter dans cette maison, a sculpté une croix sur la porte, mais il n'a pas réussi à faire le Jésus, "alors c'est nous qu'on s'y est mis."

Je lui disais qu'à la retraite qui venait, on n'avait pas encore beaucoup de retraitants ; elle répondit : "les retraitants, ça se mérite. C'est par l'offrande, la prière et le renoncement qu'on les mérite."

Une offrande dans la joie ! : Dans une autre visite, très courte aussi, je demandais à Marthe de prier afin que je sois fidèle. Après un petit temps de silence, elle m'a dit : "fidèle, oui, mais dans la joie, fidèle dans la joie." Ce petit mot m'a aussi beaucoup fait réfléchir. C'était l'écho de la Parole de Jésus : ... *afin que votre joie soit parfaite.* Pour Marthe, la joie était le fruit de l'amour. Joie de reconnaître l'amour dont elle était aimée et d'aimer au coeur des plus grandes souffrances.

Témoignage du Père Tierny

Je peux dire d'abord que c'est Marthe qui m'a fait exister comme "Père". Cette réalité, je la vivais déjà comme prêtre depuis des années, mais je n'avais pas encore su lui donner son poids. Et cela s'est fait par une simple salutation, lorsque, entrant pour la première fois dans sa chambre, j'entendis sa petite voix claire me dire "Bonjour, Père". Dans ce simple mot "Père", Marthe me faisait d'un coup saisir l'essentiel de ma vocation de prêtre : engendrer les hommes à la vie de Dieu, à l'image du Christ, en les faisant exister comme enfants au coeur de l'Eglise. Cela, je devais le signifier au monde à travers cette petite cellule d'Eglise qu'est la famille du Foyer, où la paternité s'exerce non pas à côté, mais dedans, avec... de manière très proche, dans la présence de Marie.

Quant à définir le Foyer lui-même, Marthe se contentait de dire : "Un Foyer ? c'est un Foyer..." A nous de comprendre toute la réalité concrète, simple, inépuisable aussi, de ce terme...

Marthe met surtout des accentuations sur l'Evangile en vue d'un besoin de notre temps, que Jean-Paul II a cristallisé autour de ce mot : la seconde évangélisation. Une évangélisation qui n'est pas seulement pour l'Europe, mais pour le monde. Quand Marthe dit que les Foyers de Charité couvriront le monde tout entier, il ne faut y voir aucun sens de triomphalisme d'une institution quelconque ; elle pense, dans un sens très large, à cette nouvelle Pentecôte d'Amour qui doit se manifester de plus en plus dans l'Eglise, notamment à travers ces communautés nouvelles qui doivent en être le ferment.

De fait, quand je m'approchai de cette femme, je découvris l'opposée d'une "illuminée" telle qu'on me l'avait parfois présentée, ce qui m'avait tenu longtemps réticent. Au contraire, ce qui m'a séduit en Marthe, c'est son équilibre, son bon sens, son humilité. Elle était une femme, au sens propre du mot, très féminine, équilibrée, aux réparties savoureuses de justesse et d'humour. Quand j'accompagnais auprès d'elle des membres féminins du Foyer, je me souviens de ses remarques sur la mode, l'élégance, le ton "juste" à trouver dans l'habillement. Marthe était une femme qui savait sourire, taquiner, comprendre, attendre, et qui mettait l'accent sur les réalités fondamentales que moi-même j'avais reçues dans l'intelligence et dans le coeur, par ma préparation au Sacerdoce.

Son humilité était si grande que rarement elle nous donnait des conseils. "Moi, je prie" disait-elle. Mais souvent, ayant écouté nos recherches, nos questions, nos hésitations, elle posait la question pratique et judicieuse qui nous invitait à chercher encore, mieux.

Il arrivait parfois que le ton soit un peu incisif, telle cette parole adressée après un temps de silence à un retraitant qui, enflammé par sa retraite, était prêt à donner tous ses biens : "Qu'en pense votre épouse ?" ou cette autre, à l'égard d'un membre de Foyer qui sollicitait un délai de quarante-huit heures pour retarder son entrée au Foyer : "Ne la prenez pas."

Le plus souvent, quand elle n'approuvait pas, Marthe se taisait. Mais toujours elle nous apaisait, nous mettait sur la voie et nous disait : "Réfléchissez..."

En ce qui concerne l'établissement de notre Foyer, jamais Marthe ne m'a donné d'indications précises quant au lieu et aux bâtiments.

En revanche, elle pensait à tous les détails pratiques pour la vie des retraitants : "Vos retraitants sont fatigués, il faut mettre un fauteuil dans les chambres. Avez-vous pensé à donner du fromage à tous les repas ?"

D'où vient cette humanité de Marthe, sinon de son union au Coeur du Christ dont elle a été pour nous le relais jusque dans ce qu'il a de plus essentiel : son sacrifice. Marthe a fait vivre de manière concrète le mystère salvifique du Sacrifice de Jésus au milieu de nous.

Choisie par le Seigneur, elle a été attirée petit à petit aux "affaires du Père", c'est-à-dire le souci de recréer le monde et de le sauver par le Mystère de l'Amour sur la Croix. Elle y a été initiée d'abord par ses parents, dans une vie joyeuse mais assez rude. Peu à peu elle a été marquée par des souffrances inexplicables aux yeux de la médecine.

La merveille, c'est que Marthe n'a cessé de dire oui, chaque fois que le Seigneur lui ouvrait une porte pour réaliser ce mystère du Salut. Et elle disait ce oui avec joie. Là-dessus, elle était toujours très discrète avec nous. Jamais elle ne parlait de sa souffrance. Quand j'arrivais près d'elle, ses premières paroles étaient souvent : "Père, vous avez fait une longue route, vous n'êtes pas trop fatigué ? Vous allez prendre un café... Et comment ça va à Courset ?..."

J'aime penser à des paroles de l'Evangile qui ont structuré la vie de Marthe : "Que dire ? Père, sauve-moi de cette Heure ? mais c'est pour cette Heure que je suis venu... Père, glorifie ton Fils". Elle a dû vivre aussi les paroles de Jésus à l'Agonie et à certains moments souhaiter la fin de cette épreuve pour "être avec le Christ", ajoutant toujours avec Jésus : "Cependant, que Ta Volonté soit faite".

A trente-quatre ans, elle a reçu la force pour commencer sa mission de manière plus visible, ayant attendu jusque là l'Heure de Dieu ; et ce fut pour elle le grand moment de la rencontre avec le père Finet : l'annonce de ce rajeunissement total de l'Eglise, où l'apostolat du laïcat devait connaître son plein épanouissement, et l'appel à fonder les Foyers. C'est bien là le sens de la mission déjà proclamée par saint Paul : "Brillez dans le monde comme des Foyers de Lumière".

Cet équilibre, cette humilité, cette sûreté de vue dans la foi, ce respect de la liberté des hommes m'ont profondément touché et m'ont décidé à me lancer dans cette Oeuvre des Foyers. Par la suite, il a fallu que Marthe soit là pour nous garder fermes dans la fidélité à une forme de retraites qui n'est pas toujours comprise. Pour les retraites, Marthe était très nette : "Père, il faut cinq jours. En trois jours on ne convertit pas une âme." Des retraites en silence : A propos de garçons de Terminale à qui je prêchais et dont j'étais personnellement très heureux, Marthe me dit : "Quel dommage ! ils font une mauvaise retraite, ils ne gardent pas le silence..." On sentait que Marthe pouvait le dire parce qu'elle-même faisait l'essentiel par l'offrande de sa vie ; aux retraitants elle demandait de faire leur "petit possible" : redécouvrir la doctrine chrétienne et se mettre à l'écoute du Seigneur dans le silence, en vue d'être missionnaires.

Marthe ne disait jamais : "Engagez-vous..." Elle avait une grande confiance en l'être humain, sachant que quand on a mis le feu - et Dieu seul peut le mettre - non pas dans l'esprit, mais dans le coeur de l'homme en ce qu'il a de plus intime et de plus immortel, ce feu ne peut pas ne pas se propager. Et comment Dieu mettra-t-il ce feu en nous, sinon dans l'oraison, qui devient une nécessité vitale : "Une journée sans oraison," disait Marthe, "est comme un soleil qui ne se lève pas." Les Foyers tentent de vivre cette exigence. Et tout laïc, quelle que soit sa condition, peut trouver dans sa journée un temps d'oraison, "ne serait-ce que quelques instants". J'aime beaucoup ce dernier mot de Marthe qui la décrit si bien, disant la vérité, mais n'enfermant jamais les hommes dans un carcan... C'est vraiment l'Esprit de Jésus qui s'exprime dans toute son exigence et toute sa douceur. Oui, jusque dans ses paroles apparemment les plus anodines, Marthe nous montre Le Christ, et c'est Lui qui nous attire à elle.

X

Relation de Marthe avec le Lion de Juda

Le phénomène des communautés nouvelles est source d'étonnement dans l'Eglise et dans les médias. Les journalistes qui souvent nous interrogent et enquêtent sur cette émergence communautaire multiforme qui va d'Ourscamp au Lion de Juda en passant par Saint-Jean et l'Arche de Jean Vanier, nous rendent à cette évidence qui nous avait échappé : Marthe était partout ! Elle dont la piété au prime abord semblait si traditionnelle, jouait un rôle dans tout ce qui se faisait de nouveau.

Pour le Lion de Juda, je serais tenté, témoignages à l'appui, de dire que nos liens étaient privilégiés, mais dans quelle mesure ? Son influence discrètement et secrètement maternelle, mariale en un mot, s'est toujours fait sentir dans les petites choses comme dans les décisions les plus importantes. Mais d'autres communautés pourraient revendiquer le même privilège. Marthe était tellement unie à Dieu qu'elle rayonnait de cet amour, si maternel que comme le disait le poëte : "Chacun en a sa part et tous l'ont tout entier." On se sent, on se sait aimé d'un amour unique, de préférence, ou on ne se croit pas aimé du tout.

Je ne livre pas les témoignages qui suivent pour exciter une sainte jalousie (d'ailleurs comment une jalousie pourrait-elle être sainte ?) mais pour célébrer la fécondité du grain qui s'est offert dans le silence et l'humilité pour que grandisse le corps du Christ.

Si un certain nombre de nos frères ont rencontré Marthe de son vivant, j'oserais affirmer qu'elle nous est tellement présente que d'autres continuent à la rencontrer chez nous. A la Plaine le petit lit vide de Marthe continue à recevoir nos confidences. Quand un frère est fatigué, a besoin de se ressourcer c'est bien souvent au Foyer de Charité qu'il pense. Pour ma part c'est à la Flatière que j'ai commencé à écrire ces lignes dans une étonnante présence de Marthe, présence invisible, mais présence combien sensible dans la charité des membres du Foyer et dans le coeur toujours débordant du père Ravanel.

Témoignage de Marie Anne de Jésus

A la fin de 1980, j'accomplissais mes quatorze ans de présence auprès des personnes handicapées : école de vie et surtout école de prière où les pauvres sont nos maîtres et surtout école de prière où murissait ma vocation contemplative malgré l'activité débordante. Au cours d'une retraite, je décidai de prendre une année sabbatique, dont quelques mois au Lion de Juda. Comme je vivais à côté de Châteauneuf et que j'allais confier chaque année mon travail et mes questions à Marthe, je lui demandais un rendez-vous avant d'entrer dans cette nouvelle étape. Elle m'a reçue le 5 novembre 1980 et pendant trois quarts d'heure, elle n'a cessé de me répéter d'être attentive et disponible à l'Esprit Saint. Quand je lui ai dit que je pensais aller quelques temps prier au Lion de Juda, elle m'a dit : "Est-ce que vous avez vu les moniales ?" Je lui ai répondu : "Bien sûr, il y en a dans toutes les maisons mais ça ne me concerne pas". Au moment même, j'ai eu l'impression de recevoir un choc sur le coeur, et Marthe n'a rien dit de plus que : "Il faut être très attentive à l'Esprit Saint." Le 21 novembre suivant, jour de la Présentation de Marie, le Seigneur me conduisit à Cordes, il avait préparé mon coeur pour que je puisse l'entendre me dire, par la Vierge Marie : "Je te veux ici comme moniale". J'ai dit oui, et alors je me suis souvenue des paroles de Marthe, ainsi que des paroles du père Pagnoux qui prêchait la première retraite que j'avais suivie à Châteauneuf, dix-sept ans auparavant durant mon année de terminale. Je n'avais pas osé aller voir Marthe donc j'avais confié au Père que je me sentais appelée à une vie consacrée contemplative et il m'avait dit au nom de Marthe "Quand on a dit oui une fois à Dieu, lui s'en souvient toujours." Depuis ce jour-là, Marthe m'avait vraiment prise dans sa prière, car c'est aussi elle qui me dit plus tard de ne pas avoir peur d'un engagement radical, d'un don total à Jésus dans ses pauvres. Marthe m'a présentée à Marie, elle ne cesse de m'accompagner dans ma consécration avec le même amour discret, et souvent je "l'entends" me répéter : "soyez attentive à l'Esprit Saint."

Témoignage de Dominique Bostyn

Ma première rencontre avec Marthe a eu lieu durant la retraite prêchée à Châteauneuf entre la fête de Noël 74 et le 1er janvier 75. Rencontre très brève, d'une dizaine de minutes. J'étais à ce moment-là en deuxième année de séminaire à Issy-les-Moulineaux. J'avais appris que Marthe avait appuyé certains jeunes pensant à une vocation sacerdotale, avait déconseillé cette voie pour d'autres. A ce moment-ci j'étais sûr de l'appel du Seigneur à lui livrer toute ma vie, je n'ai jamais eu d'autre désir, et cela depuis ma toute petite enfance, sûr aussi de la vocation missionnaire qui s'est précisée vers l'âge de douze ans et n'a jamais été remise en cause, par contre je l'étais moins de la vocation sacerdotale elle-même. En effet je m'étais engagé dans cette voie de la formation en séminaire parce que humainement elle me paraissait être le seule possible pour partir comme missionnaire ; et je ne me sentais pas attiré par une vocation de frère qui m'apparaissait souvent présentée comme celle d'un technicien au service du développement. Or je voulais être porteur de la Parole, totalement consacré à l'évangélisation. Au fond de mon coeur je pensais bien être dans la bonne voie, mais j'avais besoin d'une confirmation, en tous cas ma démarche auprès de Marthe était celle de quelqu'un qui croyait Marthe inspirée : j'étais en paix, prêt à renoncer à ce que j'avais commencé à vivre dans la préparation au sacerdoce ; mais pas à ma vocation missionnaire tellement celle-ci me paraissait claire. J'ai alors exprimé cet état d'âme et Marthe m'a répondu : "Mais n'est-ce pas par le sacerdoce que la vocation missionnaire trouve son plein épanouissement ?" Evidemment j'ai gardé cette phrase comme la réponse à mon problème et ce n'est que peu à peu qu'effectivement j'ai découvert que ma vocation sacerdotale était comprise dans ce désir de livrer toute ma vie au Seigneur comme missionnaire.

Comme à cette époque je trouvais que les ordres religieux missionnaires ne vivaient pas d'une spiritualité très engageante, je lui posai la question de mon rattachement éventuel à un ordre missionnaire. Elle m'a alors répondu : "Non, attendez, vous verrez plus tard". Puis elle a terminé l'entretien par cette prière de saint Paul en Ephésiens 3, 16-19, que je n'ai pas fini de méditer ! Et quand on lit les deux versets précédents et que l'on connaît la position que Marthe avait dans son lit...

La deuxième rencontre se situe en juillet 76 ; j'avais alors écrit pour demander un rendez-vous. Le père Finet était présent. Avant d'expliquer ce qui s'y est passé, il est nécessaire de préciser la situation dans laquelle je me trouvais : Marthe m'avait déconseillé d'entrer dans un ordre religieux, du moins pour l'immédiat. Or quelques mois plus tard, à la fin de mon premier cycle de séminaire à Issy-les-Moulineaux, il me fallait préciser à Monseigneur Gand, l'évêque de Lille, où je m'orienterais pour accomplir la vocation missionnaire. En effet, en 73 j'étais réticent pour commencer mon séminaire à Lille, à cause du contenu de la formation qui y était proposée, mais aussi parce que chaque fois que je parlais à des professeurs de ce séminaire ou au responsable des vocations de la Mission à l'extérieur, on me présentait la nécessité de travailler à la Mission à l'intérieur. Le temps où des missionnaires partaient à l'étranger est révolu, et j'apparaissais comme un rêveur. Mgr Gand avait très bien compris mes réticences et m'avait envoyé, à ma demande, à Issy-les-Moulineaux, me demandant donc à l'issue de mes deux années de premier cycle de trouver un point de chute, soit un ordre religieux (comme les spiritains avec qui j'avais travaillé en Centrafrique, comme coopérant, en 72-73), soit une incardination à Bangui, soit une incardination à Lille avec possibilité de partir comme *fidei donum*, mais tout en sachant que je risquerais de trouver des difficultés auprès des formateurs. Je ne me sentais absolument pas appelé à faire mon séminaire, le deuxième cycle, à Lille. La formation proposée par les spiritains présentant une méthode de formation dite "inductive"; s'appuyant sur des données sociologiques, ne m'attirait pas. A cette époque cela était commun à beaucoup d'Instituts religieux. Aussi avais-je écrit à Mgr N'Dayen, l'archevêque de Bangui, pour lui demander une possibilité d'incardination à Bangui. La réponse se faisant attendre, je la croyais négative. Aussi, un peu le couteau sous la gorge, j'annonçai à Mgr Gand que finalement j'avais opté d'entrer chez les spiritains qui me proposaient de commencer par le noviciat. Au fond de moi-même j'espérais, à l'issue du noviciat, pouvoir être envoyé au séminaire français à Rome, dont la direction était confiée aux spiritains, et espérais aussi qu'après plusieurs années de crise la congrégation retournerait vers la spiritualité plus ardente de son fondateur. Je fis donc mon noviciat, une année complète en 75-76. A la fin du noviciat, pour vivre davantage la vie communautaire, mon premier cycle n'ayant pas été fait chez eux, on refusa de m'envoyer à Rome où finalement il y avait peu, ou même pas du tout suivant les années, de spiritains en formation. Or j'avais connu durant toute une année ce que pouvait être la crise des Instituts religieux à cette époque. Il me semblait que ce qui y était vécu ne répondait absolument pas à ce que le Seigneur demandait à son Eglise. Les supérieurs étaient d'accord pour que je fasse ma profession religieuse. Je profitai alors de quelques jours de vacances communautaires, deux par deux, dans la famille de l'un ou de l'autre, pour prendre rendez-vous chez Marthe.

Marthe m'a alors exprimé sa souffrance devant ce qui était vécu à l'intérieur de nombreux Instituts religieux classiques, mais je ne me rappelle plus sous quels termes. Lorsque je lui expliquais ce que j'avais vécu au noviciat, il m'a semblé qu'il y avait un léger ton de remontrance de ne pas avoir suivi ce qu'elle m'avait dit un an et demi auparavant : "Ah, vous voyez ? !" A présent je ne me rappelle plus si c'est le père Finet ou Marthe qui l'a suggéré, ou m'a posé la question d'une possibilité d'être rattaché à la province spiritaine de Suisse. Après un échange il nous a semblé que c'était difficile. Alors Marthe m'a déconseillé de m'engager chez les spiritains. Et je ne sais toujours plus si c'est le père Finet ou Marthe ; il m'a été conseillé de voir Mgr Gand pour lui expliquer ce qui a été vécu au noviciat et lui demander la possibilité d'être envoyé par ses soins (incardiné provisoirement à Lille donc, mais je ne sais si cela a été explicité clairement), au séminaire français de Rome.

J'avoue avoir quitté la chambre de Marthe assez troublé intérieurement : j'avais dit à Marthe et au père Finet que si je voyais Mgr Gand il risquerait fort de ne plus reconnaître ma vocation et de me qualifier de trop instable pour la vie religieuse. L'un ou l'autre ont insisté pour que je le voie et le père Finet m'a demandé de lui téléphoner pour lui faire le rapport de l'entretien avec Mgr Gand. Dans les jours qui suivirent je me refusais à faire cette démarche. Quelques jours après, une retraite avait été programmée avec le père Jacques Guillet, jésuite, pour la préparation à la profession religieuse. Chaque novice faisait, il me semble, une retraite là où il le désirait, je ne me rappelle plus trop les circonstances. Cette retraite avait lieu à Coutances et durait six jours. Là, la Providence a guidé toute chose, et au coeur de l'épreuve, dans l'obscurité totale, j'ai vu Dieu à l'oeuvre ! Marthe qui connaissait l'épreuve m'accompagnait donc par sa prière, j'en ai été certain en voyant l'issue du combat.

D'abord en montant dans le train à Paris pour me rendre à Coutances, je cherche une place assise et me retrouve... à côté du père Guillet. J'ai donc pu lui expliquer en détail ma situation, et lui me donner les conseils appropriés pour que la retraite amène une solution claire : la profession religieuse chez les spiritains ou suivre les conseils de Marthe. Il m'a demandé de venir le voir chaque jour de la retraite qui devait durer une semaine. Ce que j'ai fait - les trois premiers jours sécheresse complète, aucune solution - j'étais toujours aussi réticent à suivre les conseils de Marthe, la seule solution "raisonnable", pour ne pas se casser la figure, était la congrégation du Saint-Esprit. Le quatrième jour, alors que je me tenais seul dans l'église paroissiale de Coutances, ne priant pas, j'en étais incapable, mais "accomplissant" mon temps de prière, et regardant, assis, l'architecture de l'église, brusquement j'ai entendu au fond de mon coeur, alors que je n'avais jamais vécu cela auparavant, ces paroles : "*Confiance, c'est moi, n'ayez pas peur*" et immédiatement après : "*Il se fit un grand calme et le vent tomba*". J'avais ainsi la réponse : il m'était apparu évident que je devais suivre les conseils de Marthe. Mais connaissant mon tempérament inquiet, je voulais une certitude supplémentaire pour que cette grâce, cette parole du Seigneur, ne puisse être remise en cause les années futures. Comme j'avais ma Bible à côté de moi, je l'ai immédiatement ouverte et non seulement je suis tombé à la page, mais mes yeux tombent sur ce passage de Marc 4, 39 : *Il se fit un grand calme et le vent tomba*, puis refermant et ouvrant à nouveau, de même pour Matthieu 14, 27 : *Ayez confiance, c'est moi, n'ayez pas peur* ! Je suis donc allé sans tarder voir le Père Guillet qui a confirmé cela comme étant une intervention de Dieu. J'étais en paix et pouvais suivre les conseils de Marthe. Rendez-vous est pris avec Mgr Gand. Evidemment ce que je craignais se passa : Mgr Gand commence par remettre ma vocation sacerdotale en cause, pour instabilité !... Pendant une heure durant laquelle j'ai rarement transpiré autant même en Afrique, je lui ai tout expliqué de ce qui a été vécu chez les spiritains ; de ma demande d'entrer chez eux parce que finalement je n'avais pas eu à temps de réponse de Mgr N'Dayen. (En fait sa lettre m'est parvenue quelques jours après avoir fait ma demande d'entrée chez les spiritains, à l'issue de mon premier cycle mais il était trop tard pour faire machine arrière). Puis Mgr Gand m'a confirmé dans ma vocation, mais m'a dit que s'il m'acceptait il me voyait mal incardiné à Lille, à cause des problèmes que j'avais déjà eus auparavant, et m'a conseillé de reprendre contact avec Mgr N'Dayen. Je me demandais comment faire pour avoir une réponse rapide de Bangui. La fin des "vacances communautaires" arrivant, je reviens à Paris, passe à la maison-mère des spiritains, et là y rencontre Mgr Maanicus, évêque de Bangassou, un des diocèses de Centrafrique, qui me dit que Mgr N'Dayen est en France et qu'il vient de partir avec un spiritain de Centrafrique originaire du Nord, à Lille. J'essaye de le joindre sans succès. Entre-temps il fait une visite de courtoisie à Mgr Gand qui lui parle de moi. Les choses sont réglées entre les deux évêques : Mgr N'Dayen m'accepte dans son diocèse et m'envoie à Rome, au séminaire français ! Il ne me reste plus qu'à m'émerveiller de l'oeuvre du Seigneur et de la puissance de la prière de Marthe.

Fin décembre 78 ou début janvier 79, durant ma troisième année de théologie à Rome, profitant des congés de Noël, je me rendais à nouveau au pied du lit de Marthe. J'avais pu obtenir un rendez-vous, et le Père Finet était lui aussi présent. Je demandai à Marthe la grâce de la fidélité, approchant alors de l'ordination diaconale ; mais je ne me rappelle plus en quels termes l'échange a eu lieu ; nous avons partagé aussi sur la vie au séminaire français. Puis, alors que je terminais mon premier cycle de théologie, l'évêque m'invitait à poursuivre les études pour obtenir la licence. Je pensais alors à l'Institut pontifical d'Etudes Arabes, me disant que cela pouvait être utile en Centrafrique. Marthe m'a alors dit, "non, la théologie d'abord", et m'a renvoyé à mon père spirituel du séminaire français pour qu'il décide lui-même de quel type de licence de théologie.

Durant l'été 79 je faisais à Châteauneuf la retraite sacerdotale prêchée par le Père Marie-Dominique Philippe. Je profitai des possibilités de visite à Marthe durant cette retraite pour la rencontrer à nouveau. Je devais être ordonné diacre durant l'année scolaire à venir et c'était donc au moment de l'ordination que devenait effective l'incardination. Le supérieur du séminaire, l'ensemble des pères accompagnateurs, mon père spirituel me mettaient en garde contre les risques que comportait une incardination à Bangui : l'isolement que je ressentirais, comme prêtre expatrié, parmi les autochtones, tous les problèmes matériels qui pourraient se poser en cas de maladie ou de rapatriement sanitaire. Un canoniste ami essayant lui aussi de faire changer l'orientation avait écrit à Mgr Gand pour lui souligner les risques que comportait l'incardination à Bangui, et lui demander la possibilité que je sois rattaché au diocèse de Lille "pour le service du diocèse de Bangui", avec un contrat qui serait établi par la C.E.M.E, alors Comité Episcopal des Missions à l'Extérieur. Tout cela me mettait bien mal à l'aise et me semblait peu inspiré par l'Esprit. Il me semblait que l'on ne ferait pas suffisamment confiance au Seigneur et en sa Providence en agissant ainsi.

Je vis donc Marthe, lui expliquai la situation ainsi : fallait-il, compte tenu des difficultés que l'on me disait pouvoir rencontrer par la suite demander une incardination à Bangui ? Elle m'a répondu : "C'est difficile à dire... Qu'en pensent ceux qui vous connaissent ?" Je lui expliquai alors en substance ce que je viens d'écrire ci-dessus. Puis elle me dit : "Et le père Philippe ?" Je lui répondis qu'il croyait une incardination à Bangui possible, mais en tous cas pas sans un contrat (je savais l'évêque réticent à tout "contrat", il en avait déjà refusé à des congrégations qui le lui demandaient) et peut-être de voir cela avec l'évêque de Lille. Et à la question "Et vous ?" je lui dis immédiatement : "Si saint Paul avait attendu d'avoir toutes ces garanties pour partir en mission, il ne serait jamais parti". Et elle, du tac au tac : "C'est cela ! Allez-y !" Je quittai sa chambre en paix avec une fois de plus la réponse que j'attendais et l'assurance que la Providence divine ne me manquerait jamais pour l'exercice de mon ministère.

A nouveau je me suis rendu à Châteauneuf pour la semaine Sainte, du 31 mars au 6 avril 80, à l'occasion de la retraite prêchée par le père Finet. Le Vendredi Saint, à la fin du chemin de Croix, le père Finet nous a laissés entrer dans la chambre de Marthe, les prêtres et séminaristes assistant à la retraite. Et pendant quelques minutes nous avons pu contempler avec une grande émotion l'agonie et la Passion de Jésus ; et entendre sa supplication pour le monde...

La dernière rencontre a eu lieu à l'occasion de la retraite sacerdotale prêchée du 31 août au 6 septembre 80, quelques jours avant mon ordination sacerdotale. Une fois de plus je faisais appel à Marthe pour un discernement. Incardiné à Bangui, je souhaitais aussi être rattaché à une communauté religieuse, vivre d'une spiritualité que de toute façon l'état actuel du clergé diocésain ne me permettait pas de vivre. Pour que les choses soient claires, je l'avais confié à Mgr N'Dayen. Marthe m'avait dit que "je verrais plus tard" pendant la retraite de Noël 74. Elle m'avait dit aussi que je verrais "sur place", mais je ne me souviens pas à quelle rencontre. Je me sentais très attiré par les Foyers de Charité, mais me disais aussi que si c'était cela l'appel du Seigneur, depuis que je vois Marthe, Il me l'aurait déjà manifesté. Or quelques mois auparavant ; le Père Granier, fondateur et supérieur de la communauté de Saint-Joseph de Mont-Rouge, à Puimisson, près de Béziers, me proposait, si j'en ressentais le désir, du fait des liens d'amitié et de communion établis avec la communauté de lancer une fondation à Bangui. Comme toutes les décisions importantes avaient été prises au pied du lit de Marthe, j'ai dit au père Granier que je lui en parlerais.

Marthe m'a parlé du père Granier, on sentait qu'elle le connaissait, qu'elle l'aimait bien (je ne pense pas qu'ils se soient rencontrés, mais le père Finet m'a dit qu'il avait pensé à lui pour un Foyer de Charité, mais qu'une maladie l'en avait empêché). Puis un dialogue s'est engagé durant lequel progressivement je me suis rendu compte que là n'était pas l'appel du Seigneur ; que l'évêque de Bangui aurait vu cela d'un très mauvais oeil, qu'il n'aurait pas accepté non plus que je vive après mon séminaire à Puimisson une intégration dans cette communauté, même avec promesse de retour à Bangui. Il comptait sur moi, je ne pouvais non plus le décevoir. Le père Finet vu dans son bureau auparavant, tout en appréciant beaucoup la communauté, ne m'avait pas non plus poussé dans ce sens.

Puis Marthe a gardé un long moment de silence durant lequel je savais que quelque chose se préparait et que j'aurais la réponse à ce que je demandais. Et soudain : "Vous connaissez le Lion de Juda ?" - "Non, j'en ai entendu parler, mais je ne connais pas" - "C'est bien !" La réponse était là, et à la fois émerveillé d'une telle clarté dans la réponse, confus d'une telle grâce, et un peu désarçonné par ce qu'elle me disait, je me suis trouvé tout bête, et lui ai dit alors : "Si vous voulez je peux peut-être commencer par découvrir davantage le Renouveau ?"
"Ah oui alors !"

On frappait à la porte et je devais à nouveau quitter Marthe pour la retrouver en février 81 pour la célébration de son entrée au Ciel.

Témoignage de Catherine Deray

Après quelques années d'une vie aventureuse et marginale dans les forêts canadiennes où Alain et moi nous cherchions une vie authentique, Jésus s'est révélé à nous et nous ramena à l'Eglise Catholique et à ses richesses. Il nous semblait que notre vocation dans l'Eglise était la vie familiale. Pourtant le feu qui brûlait en nous nous faisait désirer une vie entièrement consacrée et nous ne pouvions que renoncer à cet appel à la vie monastique qui nous semblait inaccessible.

Après une année d'enfouissement dans la prière et de pratique des sacrements, le Seigneur nous conduisit dans un centre d'accueil pour handicapés mentaux, seule communauté au Québec où nous pouvions vivre en couple. Ce fut une occasion magnifique de toucher le corps de Jésus au travers de la personne handicapée et de se laisser toucher par Lui dans cette relation du coeur avec eux. Mais il était clair pour nous qu'il s'agissait d'un temps de formation voulu par Dieu et dont nous ne connaissions pas la durée.

Au printemps 86, après trois années de partage, la communauté vivait un temps de crise et de purification assez fort pour remettre en question toute la structure de cette fondation vieille de quinze années. Etant un peu à l'écart depuis plus d'un an de la vie communautaire nous vivions intensément les souffrances de ce nouvel enfantement. Notre question était, devons-nous nous engager davantage ou quitter définitivement ?

En mars je reçus une lettre d'un ami charismatique dont je n'avais eu aucune nouvelle depuis deux ans. A l'intérieur, sans aucune explication, une photo de Marthe reposant dans la mort. J'ai été saisie de façon démesurée par cette image tombant de l'enveloppe. Une certaine crainte, un sentiment que tout allait être bouleversé dans notre petite vie et en même temps une grande attirance. Je posai donc la photo dans notre coin de prière et j'avoue que je sursautais chaque fois que mon regard s'y posait. Sa présence était très forte. Qui était-elle ? J'en sus bien peu, le reste me fut révélé dans une communion de plus en plus grande dans la prière et l'oraison matinale de plus en plus marquée par une fraîche tendresse et un simple abandon à la quiétude : j'avais une nouvelle amie. Deux semaines environ après notre rencontre, au sortir de cet état de grande paix et de silence, j'entendis clairement dans mon coeur : "Vous irez au Lion de Juda !" Un nom et c'est tout ! Une cassette de chants déjà entendue quelques mois plus tôt. J'en glissai un mot à mon mari qui me fit taire du regard. Mais dans un temps limité, les signes se succédèrent à une vitesse incroyable. Et celui-ci en fut le premier sujet. Cette communauté inconnue conciliant toutes nos aspirations profondes que le Seigneur faisait mûrir depuis quatre ans sortait de l'ombre soudainement comme la maison familiale sort de la nuit quand l'aube fait place à l'aurore. Mon coeur encore sceptique bascula définitivement dans la louange lorsqu'après une semaine de prière et de silence chez les cisterciennes de Saint-Romuald près de Québec (en vue d'un discernement face à notre situation) la soeur hôtelière rompit le silence pour me dire très gentiment : "Je vous demande pardon mais je voudrais vous dire que depuis des années que je vous regarde, il grandit en moi une certitude : "votre bonheur est dans une communauté contemplative qui n'existe malheureusement qu'en France : le Lion de Juda dont voici la revue à laquelle je suis abonnée."

Au coeur de cette revue, un visage : celui de Marthe.

Marguerite-Marie de Beaufort

J'ai eu la grande grâce d'être élève à Châteauneuf de 1962 à 64, en classe de seconde et première. Nous avions une visite annuelle avec toute notre classe et là déjà Marthe me frappait par sa gaieté, son humour, son réalisme : elle nous posait des questions extrêmement concrètes. Mais elle savait être ferme et sévère quand il le fallait : par exemple toute notre classe de 1ère n'avait fait aucun effort concret de carême (ce qui servait à remplir les paquets que Marthe envoyait aux pauvres et aux prisonniers etc.), Marthe a demandé au père Finet de nous punir sévèrement. Elle nous demandait de prier aux grandes intentions de l'Eglise, et aussi prophétiquement pour cette nouvelle Pentecôte d'Amour qui allait se répandre sur le monde entier, bien sûr nous ne comprenions pas de quoi il s'agissait.

Ensuite, étudiante, j'ai revu Marthe individuellement plusieurs fois, j'étais touchée par sa merveilleuse voix paysanne, son bon sens, sa grande simplicité. En peu de temps, on atteignait tout de suite le vif du sujet, l'essentiel, avec une profonde intensité, des silences remplis de Dieu. Tout d'un coup, elle détendait l'atmosphère en riant, par une petite réflexion pleine d'humour. Elle connaissait toute ma famille, avait cette mémoire que seul l'Esprit Saint peut donner. Elle me parlait de chacun, compatissante, insistait sur certains : j'essayais tant bien que mal de tout retenir. Lorsque mon frère aîné, Jean, officier, a été tué en Algérie, elle a vu mes parents et a beaucoup aidé papa, pour qui cette souffrance était terrible. Enfin, on finissait toujours par une prière : un "Notre Père" ou "Je vous salue Marie", mais dite avec une telle profondeur !

Mon dernier entretien avec Marthe date d'Août 68, moment où je cherchais la Volonté du Seigneur sur moi.

J'ai posé la question à Marthe : mariage ? vocation religieuse ? Elle m'a répondu avec douceur : "Vous verrez bien, priez et faites confiance au Seigneur". Je suis sortie de sa chambre, furieuse, rouspétant tout le long du chemin entre la Ferme et le Foyer : j'attendais qu'elle me donne une réponse précise !

Deux ans après, un 15 août, je rencontrais Bernard. Je gardais tout celà dans mon coeur, pensant que ce trésor appartenait au passé et à moi seule. Mais Marthe a révélé sa protection concrète dès le début : nous devions nous marier au cours du premier trimestre 1971. Or une seule date a mystérieusement été possible : 13 mars, date de sa naissance. Par la suite, régulièrement, nous venions faire des retraites, soit à Châteauneuf, soit dans d'autres foyers : Bernard, ne connaissant pourtant pas du tout, partageait et adhérait. Puis avant de connaître le Lion de Juda, nous avons connu le Renouveau à travers différents groupes de prières et communautés et nous comprenions que se réalisait cette nouvelle Pentecôte d'amour.

Mais c'est vraiment lorsque le Seigneur nous a appelés à la communauté que Marthe a montré sa présence. C'est moi qui ai reçu la première notre appel : tout d'abord à Béthanie puis deux mois après à Mortain : le Seigneur m'a dit très clairement et paisiblement, tandis que je l'adorais : "Mes enfants c'est ici que je vous attends". Aussitôt après les deux fois, j'ai reçu la visite de Marthe, en image j'ai vu sa petite chambre et son lit, elle m'a alors montré tout le fil conducteur, qu'elle m'avait protégée lorsque j'étais étudiante, puis depuis notre mariage. Trois mois après, à la Toussaint, elle contribuait à faire entendre à Bernard l'appel de Dieu. En écoutant une cassette sur Marthe, enregistrée par le Père du Foyer de Tressaint, Bernard a été touché en plein coeur et a reçu le même appel. Quelle joie pour nous, mais surtout pour moi de sentir sa présence si forte, sa protection, à la communauté. ...

Père Daniel Lacouture

J'ai rencontré Marthe Robin le 29 juin 1978, en la fête de saint Pierre et saint Paul. J'étais accompagné du père Gilibert, qui était alors mon père spirituel, et qui devint ensuite Père du Foyer de Charité de la Léchère, avant que le Seigneur le reprenne. Le père Finet nous avait donné ce jour de rendez-vous, c'était un jeudi à 16 heures. Le père Gilibert m'accompagnait dans le chambre de Marthe. Il lui avait parlé de moi dix mois auparavant ; aussitôt qu'il m'a présenté, elle s'est souvenue de moi. Je lui ai parlé de plusieurs choses pendant ces vingt minutes de rencontre, notamment de mon hésitation à devenir prêtre diocésain ou religieux, question qui a mis en moi cinq ans pour se clarifier complètement, que Marthe a balisé dans cette rencontre, et éclairé totalement à la fin... du haut du ciel.

Suite à mes débats intérieurs, elle m'a dit notamment deux paroles très précises qui ont pris tout leur poids ultérieurement. Je me souviens très exactement des paroles. Après m'avoir écouté très attentivement, après quelques secondes de silence, elle m'a dit cette phrase apparemment banale, mais qui m'a mis profondément en paix et m'a évité de prendre une décision hâtive, inopportune : "Pour être prêtre, il est bon de faire de bonnes études, commencez donc votre séminaire, et vous verrez, Dieu vous éclairera en chemin." Puis après quelques instants, elle rajouta : "vous savez, je connais un jeune prêtre qui a fait ses études à Rome, à peine a-t-il été ordonné, qu'il a ouvert un Foyer de Charité." Ensuite elle a béni et loué le Seigneur en disant : "Que Dieu est bon !

Que Dieu est bon ! Des prêtres, des prêtres..." Je suis sorti dans un bonheur et une paix extraordinaires... Tous les jours ensuite, en me confiant à la Vierge Marie, je me confiais aussi à Marthe, que je sentais très présente dans ma vie.

Ma conversion puis ma vocation ayant germé et mûri dans les Foyers, fortifié par plusieurs retraites, je me suis posé sérieusement à ce moment, la question de rentrer dans les Foyers, d'autant que la parole de Marthe sur le jeune prêtre me faisait réfléchir. Mais en priant fortement le Seigneur, j'ai senti ensuite très paisiblement et clairement que ce ne serait pas cela, sans en savoir plus. Je suis allé voir mon évêque à Bordeaux, et me suis mis à sa disposition pour un discernement. Après un an et demi durant lequel j'avais repris mon travail d'interne en pharmacie sur sa demande tout en cheminant avec le service des vocations, je suis rentré en premier cycle au séminaire de Poitiers, toujours avec le souci premier de discerner entre prêtre diocésain et prêtre religieux, car rien ne s'était déterminé avec précision, même si je sentais un net penchant vers la vie religieuse. Après un an de séminaire, l'option religieuse était faite, mais où ? dans quelle famille ? J'avais déjà rencontré plusieurs communautés religieuses, mais dans aucune l'appel n'avait encore retenti, évident. En cette période de séminaire, j'avoue que je priais moins régulièrement Marthe que les années précédentes. Finalement, un jour dans l'oraison, m'est venu nettement la motion d'aller voir une communauté du Lion de Juda, à Nay. En accord avec mon père spirituel du séminaire j'y suis allé, dès que cela fut possible en fonction du travail du séminaire. Curieusement, je me sentais comme conduit intérieurement. Marthe avait fait son "passage" l'année précédente, le 6 février 1981. Or, sans y avoir pensé une seule seconde à ce moment-là, ni choisi la date, je suis arrivé à Nay pour les vêpres de la Communauté, le 6 février 1982, exactement pour l'anniversaire de la Pâque de Marthe. Providentiellement, le fondateur, frère Ephraïm, se trouvait de passage dans cette maison, et aux vêpres, il a prêché sur Marthe, à l'occasion de cet anniversaire. J'ai été "douché" spirituellement. La présence de Marthe me redevint tout intime, et pendant l'homélie, je réentendais sa petite voix me redire : "Commencez votre séminaire, et vous verrez, Dieu vous éclairera en chemin." C'était bouleversant. Deux séjours dans la Communauté du Lion de Juda confirmèrent avec beaucoup d'autres critères de discernement, ma vocation en cette nouvelle communauté. Paix et bonheur profonds, c'était devenu évident pour moi que Marthe m'avait conduit, par la grâce du Seigneur, jusque-là. Cela se confirma quand j'appris, longtemps après, au lendemain de ma prise d'habit, que ce 6 février, j'étais arrivé juste au terme d'une neuvaine privée que la Communauté avait faite par l'intercession de Marthe pour recevoir de Dieu des vocations sacerdotales. La première parole devenait toute claire. Je ne compris la deuxième que bien plus tard, lorsque, ordonné prêtre, je reçus ma première affectation. J'étais envoyé au Gabon comme "berger", c'est-à-dire responsable, pour fonder une maison à Libreville avec d'autres frères et soeurs, sur la demande de l'évêque. Me revint alors au coeur cette deuxième parole de Marthe dont je n'avais parlé à personne jusque-là. Et je relisais le parcours de ces années à la Communauté. Après mon postulat et le début de mon noviciat à Nay, Ephraïm m'avait envoyé dans notre maison de Rome poursuivre mes études de deuxième cycle de séminaire, en vue du sacerdoce, pendant trois années. Après mon année de diaconat à la maison-mère à Cordes, j'étais ordonné prêtre à Lourdes le 3 août 1987, puis partais deux mois après ouvrir la maison au Gabon.

Ce n'est que plus tard, et maintenant sur papier, que j'ai partagé cette parole de Marthe qui avait pris toute sa précision dans ma vie, sans avoir en rien "pesé" sur les discernements précédents à faire, dans la liberté de l'esprit et du coeur. "Vous savez, je connais un jeune prêtre qui a fait ses études à Rome. A peine a-t-il été ordonné qu'il a ouvert un foyer de charité". Pour moi, c'était clair que Marthe m'avait conduit au Lion de Juda qui n'appartenait pas aux Foyers au sens strict et premier, mais au sens le plus large qu'elle donnait aussi de tout ce renouveau communautaire qui devait essaimer comme autant de foyers de charité, de lumière et d'amour dans le monde, et dont elle avait accompagné étroitement la gestation et le développement multiformes. Juste avant mon départ, j'allai à Châteauneuf-de-Galaure, avec le père Gilibert, présenter à Marthe dans sa chambre, la naissance de cette nouvelle maison du Gabon.

Maï Tan

1973 - J'étais en retraite avec ma communauté, avec un prêtre vietnamien connaissant Marthe, venu en France. En effet il était allé la voir sans vouloir croire à ce qu'on disait d'elle : que l'hostie s'échappait des mains du prêtre et se précipitait dans la bouche de Marthe. Marthe lui demanda de fonder un Foyer de Charité au Vietnam. Il répondit qu'il était trop petit et sans argent. Marthe sourit et lui dit : "C'est l'oeuvre du Seigneur, ce n'est pas la vôtre." Ce jour-là on lui demanda de célébrer une messe dans la chambre de Marthe et il résolut de tenir bien ferme l'hostie quand il disait : "Voici l'Agneau de Dieu". Mais celle-ci s'échappa de ses mains et il la vit s'engouffrer dans la bouche de Marthe. Retourné à

Paris, une fois après la messe un vieux couple en sortant de l'église lui dit : "Nous n'avons pas d'enfant, nous désirons aider un missionnaire. Acceptez-vous d'être notre fils adoptif et notre héritier ?" Deux ans après, le Foyer de Binh-Trieu était fondé en 1965. Ce prêtre nous racontait toute cette histoire au cours de la retraite prêchée aux filles de Marie dont je faisais partie. Il disait aussi que Marthe aimait beaucoup la Sainte Vierge et priait pour le Vietnam. En 1978 je me trouvais en prison. Il y avait une soeur du Foyer de Charité Maihan. Avec elle nous commençâmes à beaucoup prier Marie pour être délivrées par l'intercession de Marthe. J'étais entre la vie et la mort. Au bout d'un mois nous fûmes délivrées de façon incompréhensible. Nos amis croyaient que nous étions bien riches et avions donné de l'argent aux gardes communistes. Nous sommes partis sur un boat people un an et demi plus tard. En danger de tous côtés, je me suis souvenue de la faveur de Marthe quand j'étais en prison et je fis prier toute la barque, on pria Marie par l'intercession de Marthe. Le lendemain matin vers cinq heures on vit un grand cargo de commerce hollandais. Une heure durant on leur fit des appels SOS car ils ne voulaient pas nous prendre mais ils nous sauvèrent de justesse. Vers 7 heures il y eut en effet une grande tempête et on vit une autre embarcation couler devant nos yeux. Nous fûmes tous sauvés, nous les cent soixante-quatre personnes sur ce petit bateau aussi peu long que large où nous étions tous entassés. En 1979, en Hollande, réfugiée politique je n'avais pas le droit de quitter le pays pour venir en France. Je voulais venir rendre grâce car notre fondateur était Français de l'ordre des missions étrangères à Paris. Mais l'état français me refusait le visa. Un jour le père Louis Eynard que j'avais connu au Vietnam et avec qui j'avais travaillé plusieurs années alla faire sa retraite à Châteauneuf-de-Galaure.

Que se passa-t-il ? Le foyer de Peyer fit des démarches et une semaine plus tard les papiers étaient prêts. Reconnaissante j'écrivis à Marthe pour la remercier et lui demander d'aller la voir. En 1981 je m'inscrivis à une retraite avec les membres du foyer de Peyer, prévue pour le 9 février. Mais Marthe mourait le 6 février. Le 7 nous étions à Châteauneuf. Dans la chambre de Marthe pendant que l'on faisait défiler rapidement tout le monde, moi j'eus le privilège en tant que petite étrangère de rester cinq minutes à genoux, la tête posée sur les genoux de Marthe en lui répétant mes profonds remerciements. Pendant l'enterrement j'ai vu Ephraïm, Jo, Jean-Marc et d'autres frères et soeurs du Lion de Juda. J'étais attirée sans savoir pourquoi. Huit mois plus tard j'entrais à Pont-Saint-Esprit, une maison du Lion de Juda.

Anne Merlo

Introduits par le père Bondallaz, nous sommes entrés dans la chambre de Marthe, le coeur rempli de questions et ne sachant pas comment les formuler, comptant sur le Père pour guider la conversation. Et en fait, tout s'est déroulé très simplement. Marthe était très attentive et très simple, tout à fait à notre portée, et nous avons pu lui parler facilement.

Marthe a abordé elle-même un sujet qui me tenait fort à coeur, concernant la vie des enfants à la Communauté, posant, suivant son habitude, de petites questions du genre : "Y a-t-il beaucoup d'enfants à la Communauté ?" "Sont-ils heureux ?" "Mangent-ils avec vous ?" Nous lui avons alors expliqué comment était organisée la vie des enfants, leur rythme de vie en rapport avec le nôtre. Elle écoutait ; on sentait qu'elle découvrait... et elle approuvait.

Alors je lui ai exposé mes difficultés que je crois être celles de pas mal de mères de la Communauté, au sujet du tiraillement que j'avais depuis mon entrée à la Communauté entre les exigences communautaires et les exigences familiales, en expliquant par exemple le mal que j'avais à respecter les horaires des prières et à laisser les enfants quelques fois en désarroi, ma peur qu'ils en restent blessés. Et voici ce que Marthe a répondu : "Mais il faut leur expliquer que lorsqu'on part prier, on ne les quitte pas, on va prier avec eux et pour eux. Ce n'est pas comme chez les commerçants où la maman dit : "amuse-toi, je vais servir le client". Ce n'est pas du tout la même chose et l'enfant comprend très bien la différence. Il faut leur expliquer, on croit qu'ils ne comprennent pas, les enfants, mais ils comprennent tout".

Elle s'est mise à nous raconter l'histoire d'un enfant de six mois avec qui les parents avaient l'habitude de faire la prière tous les soirs. Un soir, le père devant rentrer tard dit à la mère de coucher l'enfant sans lui, mais l'enfant a refusé de s'endormir jusqu'à ce que le père soit rentré et eût dit la prière avec lui ; aussitôt après il s'est endormi. Et Marthe de continuer : "Si on ne me l'avait pas raconté, je ne l'aurais pas cru ; mais vraiment, les petits comprennent l'importance de la prière, il faut beaucoup prier avec eux, leur apprendre à prier".

Elle nous cite aussi l'exemple d'un bébé qu'on lui avait amené et qui babillait beaucoup ; mais quand il s'est agi de prier il s'est arrêté... pour reprendre son babillage la prière terminée. A ce sujet, elle demanda : "Peuvent-ils vous rejoindre quand vous priez aux offices ? C'est important qu'ils sachent qu'ils peuvent vous rejoindre, qu'il n'y a pas de coupure quand vous êtes avec eux et après quand vous priez, vous êtes tout à eux et eux peuvent vous rejoindre... Ce ne sont pas deux choses séparées."

Continuons d'écouter Marthe au sujet de la prière avec les enfants. Je lui exposais le problème des adolescents, notamment ceux qui sont en période de révolte, refusant de participer à la prière. Marthe a parlé de l'importance de la prière en famille, en leur demandant d'être là, même s'ils ne prient pas. A propos des adolescents, elle nous a demandé si à eux aussi on savait leur dire qu'on les aime, car eux aussi sont faits pour aimer et être aimés.

Puis revenant aux petits, elle s'exclama : "Ces petits baptisés, ils sont près du Seigneur, ce sont les trésors du Seigneur ; il faut leur montrer qu'on les aime". Je lui ai alors demandé comment montrer notre amour aux enfants, elle a répondu : "Tout simplement, avec le coeur, comme eux-mêmes nous aiment avec leur petit coeur". Alors Marthe s'est mise à nous parler longuement de l'abandon, de la confiance, nous disant qu'il faut se jeter dans la Miséricorde du Seigneur, ne pas se lasser de le faire. Alain déplorant combien c'est difficile, elle a répondu comme pour le consoler : "Même si on le fait cinq minutes avant la mort, c'est déjà pas mal". Et le père Bondallaz la questionnant : "pourquoi a-t-on peur de s'abandonner ?" "Parce qu'on a peur de se perdre. Alors il faut que le Seigneur grandisse en nous, (elle se mit comme à prophétiser), "Il nous dit Je t'aime, n'aie pas peur, laisse-moi faire en toi ce que je veux, laisse-moi agir en toi". Et elle ajouta d'une voix forte, détachant les mots : "Jésus en nous, Jésus avec nous, Jésus parmi nous... Jésus est plus présent en nous que nous-mêmes" (cf. Ep. : *Que vous soyez remplis jusqu'à la plénitude de Dieu*). Une fois que nous fûmes sortis le père Bondallaz est resté un instant avec elle continuant à parler de l'abandon. "Comment faut-il faire pour s'abandonner ?" "Je ne sais pas, mais il faut le faire et quand on ne peut pas le faire, il faut le faire quand même."

Soeur Myriam

En 1977 à la demande d'Ephraïm, j'allai rencontrer Marthe au cours d'une retraite. Je montai à la Ferme, et attendai mon tour dans la petite cour devant la porte. Certains retraitants sortaient de sa chambre en pleurant, intérieurement, cela m'inquiétait un peu.

Mon tour arriva. Je pénétrai dans la chambre et à ma grande surprise je fus prise d'une louange qui s'exprima en bénédictions, elle sortit de mes lèvres malgré moi ! Et Marthe la compléta par une louange à la Miséricorde du Seigneur me faisant remarquer que je l'avais oubliée.

Sur le moment, c'était si intense que je n'y prêtais pas tellement attention, mais plus tard "sa bénédiction" deviendra pour mon coeur la contemplation d'une source qui grandit, jaillit et s'écoule. Je méditais la Parole dans ce sens, avec un goût nouveau.

Invitée ensuite à m'asseoir près d'elle sur la chaise, je percevais Marthe et m'étonnais de sa simplicité, de sa joie et de sa voix comme celle d'un enfant. Une grande paix se fit pour moi pendant ce partage, assez difficile pour moi et certaines de ses paroles furent lumineuses et décisives.

Nous avons parlé d'Ephraïm que je venais de rencontrer à Orgon. Elle me posa plein de questions sur la communauté à Orgon, à Aix. Je lui partageai ma visite à Cordes. C'est alors que je lui appris la mort du petit Etienne avec les circonstances de ce drame. Soudain Marthe poussa un cri de souffrance qui me fit pleurer. Comme si la souffrance de ce drame venait de lui traverser le coeur ! Quelle compassion, quelle sensibilité, elle partageait en profondeur la douleur de l'autre.

Je lui posai enfin la question de mon entrée possible au Lion de Juda. Après tout l'intérêt et l'amour que j'avais senti dans son langage sur la Communauté je fus rassurée. C'est alors que Marthe m'invita à prier pour ma vocation à la Communauté.

Puis je lui parlai de mon prochain voyage en Israël. Elle eut une grande joie et me demanda de prier pour elle et me dit qu'elle connaissait les lieux sans y être allée. Elle m'invita à faire attention au lieu de Saint-Pierre-en-Gallicante, là où le Seigneur fut descendu dans la fosse. Elle me dit que le Seigneur lui avait décrit ce lieu et sa souffrance dans cette fosse "selon le psaume". Au retour je lui écrivis les détails de ce lieu et elle me répondit que c'était donc bien comme cela.

A propos d'Ephraïm, nous avons parlé de la Providence, de la souffrance, des saints, d'Israël, de sa maladie. Malheureusement je ne me souviens pas des détails, je ne me rappelle que d'un sentiment de plénitude par rapport au regard de Marthe sur Ephraïm.

Nous avons déjà commenté le passage sur Jésus emprisonné, Marthe fait-elle allusion au psaume 87,7 qui peut traduire les souffrances messianiques les plus profondes rejoignant les malades mentaux dans leur expérience de la mort, ce psaume a en tout cas été écrit par un malade en danger de mort :

"*...mon âme est rassasiée de maux et ma vie est au bord du shéol ; déjà compté comme descendu dans la fosse, je suis un homme épuisé... Tu m'as mis au tréfonds de la fosse, dans les ténèbres, dans les abîmes ; sur moi pèse ta colère, et tes houles, tu les déverses.*" En fait le mot fosse est mentionné soixante-sept fois dans le livre des psaumes suivant chaque fois le même schéma : les impies ont préparé une fosse pour perdre le juste, celui-ci connaît le moment d'angoisse, le vertige au bord du puits ou dans le puits, comme ce fut le cas de Joseph vendu par ses frères, enfin le Seigneur le délivre et ce sont ceux qui ont tendu le piège qui y tombent. Dans une lecture chrétienne nous devons interpréter cette dernière phase comme la fin du monde des ténèbres.

Philippe Madre modérateur général de la Communauté du Lion de Juda et sa femme Evelyne

Deuxième rencontre le 3 février 81. Pendant une heure, en présence du père Bondallaz. Avec Evelyne à 14h30 attente priante dans la cuisine. Les deux femmes s'activent simplement au fourneau, grand silence, on n'entend que l'horloge, notre émotion est grande.

Accueil très chaleureux de Marthe, même si elle toussait souvent, à fendre l'âme. Le père Bondallaz nous avait dit que tous les rendez-vous de la semaine avaient été annulés (à cause de la santé de Marthe) sauf le nôtre ! Pourquoi ?

On entre chez Marthe. Présentations par le père Bondallaz, Evelyne évoque la naissance très difficile de Yaël (deux ans auparavant) et où Marthe avait joué un grand rôle en intervenant d'une manière tangible pour sauver la mère et l'enfant. Marthe s'y intéresse et demande des précisions. Elle est très heureuse de savoir que nous avons choisi sainte Marthe pour la fête de Yaël, et manifeste une grande joie pour la vie de Yaël, malgré ses accès de toux.

Puis on parle d'Ephraïm. Les propos sont trop intimes pour être rapportés ici, elle dit qu'il souffre pour tous ceux que la Communauté porte et surtout pour ceux nombreux qu'elle portera. Elle semble les voir.

Nous évoquons ensuite le domaine de la guérison de l'homme. Elle demande elle-même si la chambre haute est toujours là (la chapelle du cabinet médical où l'adoration soutient les soins). Je lui réponds : "plus que jamais" et lui partage certaines intuitions, certains constats tant au sujet de la prière dans la foi pour les malades que pour les soins à donner (médecine, psychiatrie, relation médecin-malade etc.). Je lui demande si à son avis, c'est bon d'approfondir, d'être plus audacieux, car nous avons déjà des petits signes manifestes que "Dieu agit encore".

- Evidemment, répond-elle.

Ph - Malgré les risques ?

Marthe - Je ne vois pas quels risques ?

Ph - Risque d'être infidèles à notre vocation (à cette époque nous n'envisagions pas trop le "public").

M - Je ne vois pas là d'infidélité.

Ph - Et le risque de l'orgueil ?

M - A ce moment-là, on ne ferait plus rien. Quand on veut trop lutter contre l'orgueil on peut perdre son temps. La meilleure façon de lutter contre l'orgueil, c'est de l'oublier !

Ph - On peut donc oser prier pour de grandes choses ?

M - Oui... on peut, mais il faut patienter. Les miracles viendront quand ce sera l'heure de Dieu.

Ph - Vous croyez qu'il est bon pour notre Communauté d'utiliser les médias (publications, cassettes, etc.) pour témoigner de ce que nous vivons, particulièrement sur la guérison de l'homme et malgré les remous inévitables ?

M - Oui évidemment ! Les gens l'attendent plus qu'on ne le pense !

Ph - Mais il y a beaucoup de résistances et de critiques particulièrement de la part des scientifiques.

M - Les choses changeront avec le retour de la foi. Il faut risquer de dire les choses. (Paroles fortes, vibrantes imprégnées d'un sentiment d'urgence). Elle le répète et ajoute : Il y a tant de malades, quelle souffrance ! On ne peut pas les laisser dans la rue ! (Elle évoquait l'importance d'apporter explicitement le Christ souffrant aux souffrants, par toutes sortes de moyens et surtout la prière). Son cri "Quelle souffrance" laisse jaillir une immense compassion.

Juste après, elle a une quinte de toux violente et gémit : "Je n'en peux plus". Le père Bondallaz pense qu'il faut la laisser se reposer, mais c'est elle qui reprend. Elle évoque (sur une question d'Evelyne quant à la paternité ou maternité spirituelle) la beauté qu'il y a pour les frères et soeurs de la Communauté d'être envoyés un peu partout dans nos maisons (elle semble voir prophétiquement l'extension de la communauté, encore réduite à l'époque). Elle s'écrie comme si elle voulait convaincre ceux qui hésitent à "tout quitter" pour suivre le Christ : "C'est pour porter l'Amour !" Parole que j'ai pressentie comme un appel pour l'Eglise (et pour la Communauté) à manifester l'Amour de Dieu dans un monde froid, indifférent et malade.

Elle évoque aussi les liens plus électifs en communauté entre certains sur une question d'Evelyne qui lui demande si c'est pur. "Pourquoi pas pur ? Il ne faut pas voir le mal partout. Il y a des affinités légitimes. Parfois elles ont besoin d'être purifiées, mais c'est normal."

Nous avons eu aussi un long dialogue sur l'avortement, encouragement à Marie Mère de Miséricorde naissant. Grande compassion de Marthe pour les femmes pensant à l'I.V.G. ou l'ayant vécu : "Les pauvres petites, comment les aider ?"

Enfin Marthe insiste sur l'importance de pouvoir et de devoir se confier. L'ouverture d'âme est primordiale pour ceux qui témoignent de Jésus, mais sur une base de confiance (Marthe évoque ici la paternité ou maternité spirituelle). Pour elle, se confier est important. Pouvoir tout dire à quelqu'un à qui on se fie dans un esprit filial. Puis autre quinte de toux, elle est épuisée. On se quitte après avoir prié ensemble quelques minutes.

Sentiment conclusif au sortir de sa chambre : Dieu présent dans ce lieu obscur. On en ressort en relativisant ce qui dans notre vie est secondaire et encombrant. A mon sens, c'est l'effet de la présence de la Sagesse Divine.

Envie de tout donner pour goûter ce qu'elle goûte : l'Amour. Malgré l'ambiance austère, j'ai pu pendant une heure m'accommoder à l'obscurité partielle et voir son visage livide marqué des marques sombres sur le front, la couronne d'épines. Impression de joie immense et de grande simplicité. Communion immédiate et en même temps, on se rend compte au contact de Marthe combien nous sommes compliqués, et nous compliquons les choses de Dieu et cela donne envie de s'attacher à l'essentiel, cela donne envie de prier fidèlement, d'ouvrir les yeux sur les détresses du monde (cf. Mère de Miséricorde), de grandir dans l'amour fraternel en communauté, sans s'arrêter aux "tracasseries" habituelles de la vie communautaire.

Domine le sentiment d'urgence des temps (bien qu'elle n'ait tenu aucun propos apocalyptique) et de faire connaître l'amour du Christ par tous les moyens avec audace et sans se laisser inquiéter par les critiques, les calomnies, les jalousies ou même la persécution. A son contact : ne pas avoir peur de voir grand pour la gloire de Dieu. Perception (pour la communauté et pour moi-même) que l'humilité ne consiste pas spécialement à ne pas se faire voir ou faire parler de soi. Mais c'est plutôt une "histoire de coeur" qui induit parfois le témoignage audacieux, même s'il est jugé ou critiqué.

Neuf ans après, évidence de la vérité de ses intuitions ou propos concernant notre Communauté, et d'autres domaines, évidence de leur caractère prophétique. Je me rends compte davantage que ce qu'elle "voyait" prophétiquement, elle le portait aussi dans sa prière, son oblation... et jusque dans sa chair.

Pour ne pas conclure

Ai-je dit ou laissé dire plus qu'une ou deux choses ? J'avoue qu'au terme du temps que j'avais décidé de consacrer à ces pages, je suis un peu triste. Qu'ai-je transmis de ce qu'elle était ? Ne suis-je pas aussi un de ces aveugles qui tente de décrire l'éléphant ? Me suis-je assez bien exprimé ? Je sais que tous les poèmes d'amour y compris le Cantique des cantiques trahissent une impuissance à mettre en images la réalité d'une vie, la vraie vie d'union à Dieu qui est indicible. Quand l'auteur du Cantique compare le cou de la bien-aimée à une tour et ses dents à des chèvres... il nous faut bien saint Bernard et tant d'autres amoureux de l'Amour pour tenter de retraduire à l'aide de leur propre expérience ces métaphores. Je vois cité un article que j'avais écrit sur Marthe où je raconte une visite, l'auteur n'a rien compris de ce que je voulais traduire et qu'il a trahi. Il me fait dire que lors de ces entretiens, Marthe ne disait rien ou que des paroles de bon sens, que l'on était séduit par sa personnalité (forcément hystérique) et que l'on repartait enchanté. Rien n'est plus faux. Marthe cachait ses charismes et c'était son plus grand charisme que de s'effacer littéralement. En fait elle prophétisait.

J'ai personnellement noté tout ce qu'elle m'a dit si simplement et qui était lourd de conséquences pour l'avenir. Et puis il arrivait que Marthe fasse preuve d'une audace inouïe et qu'elle parle d'une voix forte : je ne serais pas catholique aujourd'hui - plus qu'une question de confession c'était une question de fécondité, de mission qui était en jeu - sans l'intervention "musclée" de Marthe.

Je suis un peu déçu de ne pas avoir su trouver les mots qui communiquent sa présence et les évidences de son message. Je m'en remets à l'Esprit Saint qui seul peut mettre en correspondance, en communication, en communion deux êtres d'une manière ultime. Oui je n'ai pas assez dit que chez elle tout est dans l'invisible, tout passe par le monde céleste, un peu comme ces communications modernes ultra-rapides parce que au lieu d'aller d'un point à l'autre de la terre en ligne directe elles passent par un satellite situé à des milliers de kilomètres. Pour moi il n'y a pas de doute, Marthe empruntait ces voies, celles du Christ après la résurrection. Il ne fait plus de miracle comme lorsqu'il marchait au milieu des hommes et pourtant affranchi du temps et de l'espace, il traverse portes et murs et "franchit" les distances, il est étrangement présent dans le toucher de saint Thomas comme dans la rencontre au bord du lac. Marthe a vécu ainsi et continue à vivre ainsi parmi nous. Comme Jésus plus présent encore aux hommes d'une extrêmité du cosmos à l'autre que lorsqu'il vivait parmi eux. Oui je crois au rôle cosmique de Marthe, avec la Vierge Marie, mère du Créateur.

Je crois à son influence dans les événements de l'Eglise. Comme elle eut une influence sur le Concile Vatican II, elle a une influence sur le renouveau de l'Eglise finitive, elle assiste l'Epouse dans ce douloureux enfantement, dans ces temps de contractions et de kénose. Oui, je suis persuadé que sa prière a été exaucée, qu'elle se trouve à la porte de l'enfer pour en barrer le passage, pour crier une dernière fois le *Verbum crucis*, le grand cri d'amour dont elle fut l'écho fidèle une longue vie durant dans son corps, dans son âme, dans son esprit. Marthe est une étape dans l'histoire de la révélation de la miséricorde. Icône de la nouvelle sainteté, du nouveau mystique en montrant qu'il n'existe plus qu'une voie et qu'elle est mystique, mais que cette mystique est toute simple. C'est d'essayer de ne pas être mystique qui est très compliqué à l'heure où Dieu veut étreindre sa créature, sa pauvre créature.

Marthe s'attendait toujours aux divines surprises ; elle avait été tellement transformée dans son être tout entier qu'elle savait de quoi Dieu est capable. Elle est messagère d'une ère nouvelle et nous devons la croire. Si le démon essaye de brouiller les cartes, de nous faire douter d'elle, c'est bien à cause de l'importance de son message. Le père Finet avait dit à une de mes soeurs : Marthe dit que c'est les communautés qui sauveront le monde. Comme il est essentiel de croire que la petite sainte de Châteauneuf nous parlait bien de la part du Seigneur, la vie en communauté est tellement héroïque, presque impossible. Bien sûr Marthe n'invente rien, c'est une autre façon de dire que le monde croira parce qu'il verra l'amour que nous avons pour les autres et qu'en communauté il n'y a pas d'autre alternative que d'aimer ou de vivre en enfer !

Le père Finet a été très troublé à la mort de Marthe car elle avait toujours affirmé que quand elle mourrait ce serait la fin du communisme. Il aura fallu quelques années de patience pour vérifier que Marthe était bien dans la confidence, dans le conseil divin. Ce qui se passe en ce moment-même dans les pays de l'Est paraissait absolument incroyable il n'y a pas quelques semaines seulement. Je pense à cette prophétie du père Kolbe qui disait qu'on verrait la statue de l'Immaculée sur la Place Rouge, c'est maintenant de l'ordre du possible. Il n'y a pas longtemps une telle proposition relevait soit du délire mystique ou d'une audace prophétique telle qu'il valait mieux la taire pour ne choquer personne. L'effondrement du mur de Berlin, ce seul événement est un prodige. Le Saint Père a confié à André Frossard que c'est à la Sainte Vierge que nous devons ce bouleversement. La Mère de Miséricorde est debout au milieu des apôtres des derniers temps pour la Pentecôte d'Amour.

Un autre mur va-t-il tomber qui sépare les membres du corps du Christ. Un nouvel élan vers l'unité du corps mystique va certainement émerger, cette unité des chrétiens est indispensable à l'illumination d'Israël que Marthe a aussi annoncé. En fait lors du premier entretien de Marthe avec le père Finet quand elle lui confia les grandes lignes de sa mission telle que Jésus les avait définies, elle passa la deuxième heure à lui parler de cette unité eschatologique. Nous en avons parlé ensemble, j'ai d'abord cru que c'était à cause de notre vocation propre au Lion de Juda de prier pour Israël mais je me suis rendu compte que c'était chez elle une préoccupation, une mission plus vaste. Le père Wolfram du Foyer d'Ottrot me l'a confirmé récemment en citant le Père Finet :"Et alors c'est au cours de ces confidences (pendant la deuxième heure) qu'elle m'a tout de même dit qu'au cours de ces grands événements nous assisterions à l'unité des chrétiens. Que les chrétiens feraient leur unité complète. C'est là qu'elle m'a dit que même après l'unité des chrétiens il allait y avoir l'unité des juifs avec les chrétiens. C'est là qu'elle m'a dit qu'avec cette unité des chrétiens et des juifs avec les chrétiens, on aurait la destruction des erreurs diaboliques... et que finalement ça aboutirait sur une résurrection et sur une immense grâce : la nouvelle Pentecôte d'amour..."

Je suis persuadé que cette unité nous viendra d'en-haut mais qu'en attendant nous devons nous réjouir en espérance et nous abandonner au travail de l'Esprit.

Marthe, je n'ai pas dit grand-chose car je sais peu de chose de toi mais de ce grand réveil mystique j'en suis sûr parce que je le sais de toi qui était un foyer d'amour qui me brûle encore.

A ma soeur Emmanuel qui lui racontait les merveilles que Dieu accomplissait dans le Renouveau, guérisons, paroles de science et autres, Marthe déclara sur un ton enjoué : "et vous n'avez encore rien vu !"

Table des Matières

Achevé d'imprimer en mars 2000
sur presse Cameron
par Bussière Camedan Imprimeries
à Saint-Amand (Cher)

N° d'impression : 001383/1
Dépôt légal : mars 2000
Imprimé en France